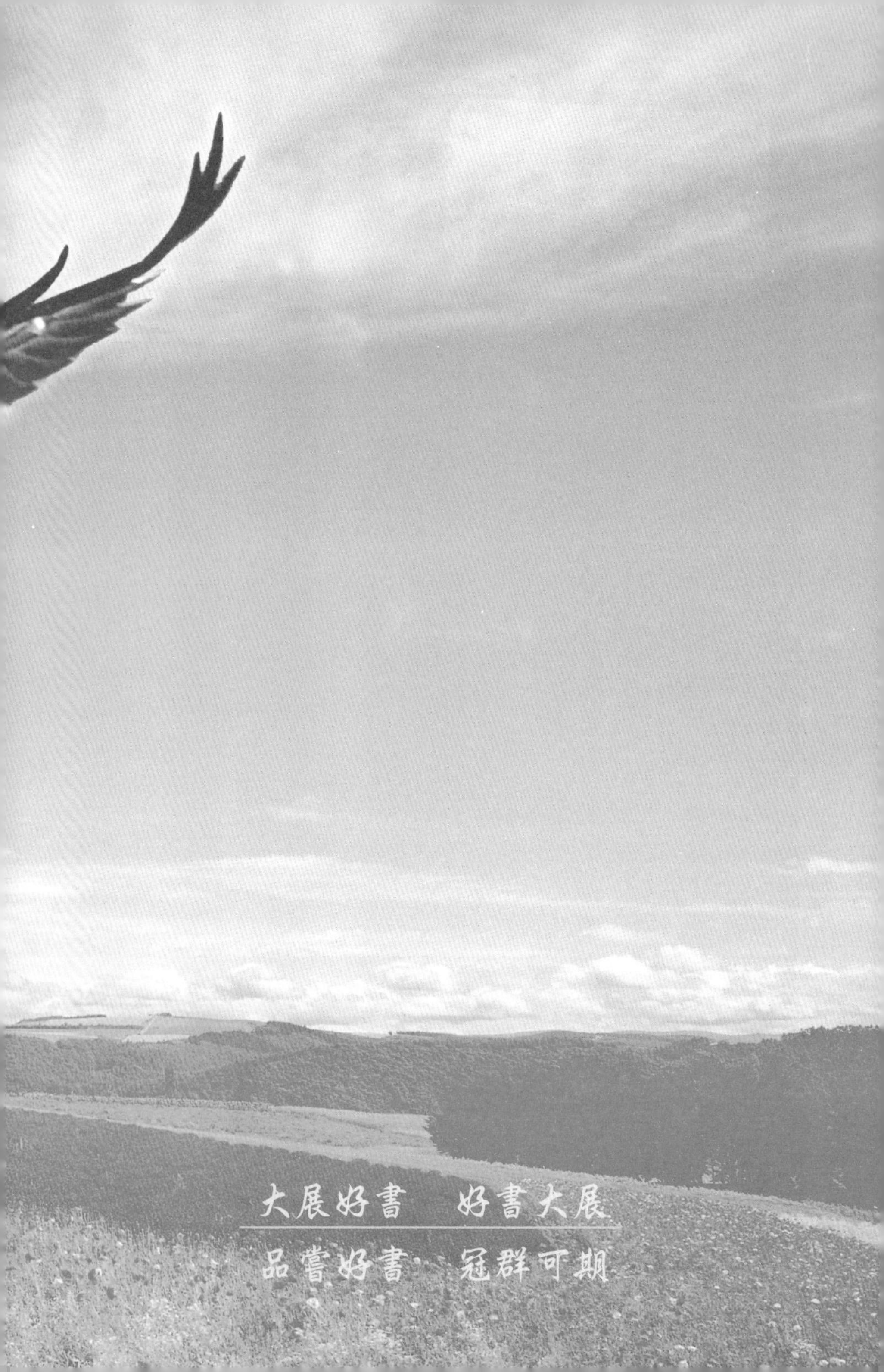
大展好書　好書大展
品嘗好書　冠群可期

大展好書　好書大展
品嘗好書　冠群可期

心靈雅集34

只管打坐

——佛教論與坐法

劉欣如 編著

大展出版社有限公司

前　言

「只管打坐」，是以現觀緣起空寂性的涅槃智為基礎的打坐法。即心念只是照見身心的各種現象，不論身心如何變化，一切都不為所動，只是默默照著，不忘不失。

出版社要出版一本關於佛教打坐的專題，所以，他們希望我早日動筆，當然，我也答應了。

但是，對方提出條件，讀者層放在一般大眾，儘量少用專有名詞，免得他們索然無味。

雖然很輕易答應他，但要用怎樣的方式來寫呢？而且要論述什麼呢？面對這樣大的問題，我有些茫然了。

關於「坐」這個題目的研究，尤其在文化人類學、民俗學和宗教文化史的領域裡，進展得迅速。

慢慢閱讀和整理資料之際，我心裡的壓力才消失。

於是，我想用自己的方式動筆；當然，這是應該的。因為我是專攻佛教教理學，這是我的責任範圍，我要義不容辭地探討主題。

我的構想是這樣：

首先，我想探究印度佛教裡，到底怎樣實踐「坐」的修持？又形成什麼樣的實踐理論？因此，我認為有必要好好掌握問題的基礎，也就是釋尊的坐姿如何呢？

其次，印度佛教形成那套坐的思想，中國人到底怎樣消受？又怎樣將它有系統地發展起來？我也想知道這一點。

最後，我要探討中國佛教的坐法傳到日本以後，日本人如何消受和落實呢？說真的，到底能不能按照自己的構想下筆呢？我沒有太大的自信，不過，我會在本書裡著重以下兩點。

第一點，佛教那種坐的思想，連貫印度、中國和日本，也跟中國的傳統文化互相混合，形成一套獨自的中國禪，在這種曲折的過程裡，特別重視天台止觀，我不惜再度定位和檢討天台止觀。

第二點，道元那套坐的佛教，正本清源是觀照釋尊的坐法，又編成中國禪以後的產物，它在三國佛教的巨流中如何定位呢？我論述了平時所思索的道元禪。

這兩項觀點堪稱前人比較少注意的層面，我也有一點自傲。

目錄

第一章　印度佛教的坐法

㈠、釋尊像的特質

⑴、菩提樹下的坐像

不知釋尊在諸位的腦海裡浮現怎樣一副形象呢？雖然，答案因人而異，事實上，許多人恐怕都會想起釋尊的坐姿才對。

那就是釋尊在菩提樹下的坐姿或坐像。

釋尊像當然不只這個……。

還有誕生佛，就是釋尊誕生時的姿勢。據說釋尊出生時，走路七步，高呼：「天上天下唯我獨尊」。右手放在頭上、直指蒼天、左手朝下、直指地面，儼然一副童子的形象。

另外，有釋尊的涅槃像——他過完八十年的生命，才安詳地停止氣息，而留下一副安詳的形象。

關於釋尊圓寂時的情狀，《涅槃經》記載得很明白。阿難這位佛弟子，把釋尊的身體靜靜地橫放在自設的床鋪上，沙羅雙樹的綠葉，閃爍著柔和的光明。枕頭朝北，右脇向下，臉部西向，往生去矣。

涅槃像通常表現橫臥的姿態，也叫做臥佛。在南傳佛教方面，不乏造像佛，在中國各地方也屢見不鮮。這些都屬於大型的造像；而且多半放在規模宏大的殿堂裡供人祭祀。在日本，通常出現掛軸的圖像，好像穴生寺等地的巨型造像，倒不多見，反而到處出現小型的金銅像。長度不到一公尺。

雖然，到處比較常見誕生佛與涅槃像等姿勢，事實上，佛的坐像也不在少數。如果稱呼喬達摩•釋尊、釋尊牟尼佛，或釋尊時，大體上只有坐像，露出頭部而已。

佛經裡，釋尊講經說法時，一定採用坐法——結跏趺坐——進入禪定。例如《妙法蓮華經》的釋尊造形，就是先進入「無量義處三昧」的禪定境界，之後才從這種境界，進入「安詳而起」，接著開始講述《法華經》。不僅這樣，還有「二佛並坐」的戲劇性景象，那就是《法華經》提到釋迦牟尼佛在靈山會上，為了證明《法華經》的說法永遠真實；乃讓多寶佛的塔，躍上空中，而且塔中坐著多寶佛；其中也有釋迦牟尼佛並肩而坐的半身像。

在佛經裡，坐的意義非比尋常。

《華嚴經》是釋尊坐在菩提下開悟的場面，假設釋尊在三星期內深刻反省的情狀。不過，他正在進入「海印三昧」的禪定境界。

所謂「海印三昧」，就是「海印發光」。海，是指所有的香水海；印，是印現。簡直就像海洋那種波瀾壯闊；多彩多姿的心態，湛然於佛之智，攝收和統一起來的意思。

《華嚴經鈔二日》：「如說法華依無量義處三昧，說般若經依等持王三昧，說涅槃經依不動三昧，故說諸經，多依三昧，今說此經，依何三昧？即海印三昧。」

《華嚴經・十四日》：「眾生形相各不同，行業音聲亦無量，如一切皆能現，海印三昧威神力。」

《探玄記・四日》：「海印者，從喻為名，如修羅四兵列在空中，於大海中印現其像。菩薩定心猶如大海，應機現異，如彼兵像故。」

不論如何，佛經就是沿襲這種示現的形式。

所以，釋尊始終保持結跏趺坐的姿勢或坐像。

那麼，這是怎麼回事呢？讀者難免會提出疑問了。

⑵、古今中外的聖賢哲人

首先，不妨看看中國的聖人。例如，東周春秋末期魯國的教育家與哲學家，被譽為「天縱之聖」、「天之木鐸」的孔夫子，其像貌或造型，通常都用站姿。否則，就是穿鞋子坐在椅子上，姿態端莊、道貌岸然。依我看，後代人描畫這種形象，表示孔子以遊說家的身份，活躍在中原社會。那副面貌通常是強壯的中年造型。

那麼，春秋時期的思想家，道家學派的宗師老子（李耳，字聃）呢？他是一副枯乾清瘦的神仙風貌，騎在牛背上，呈現飄然出塵的樣子。那不是昂首闊步的造型，好像有些駝背，毫無勇猛的姿態，多少象徵老莊的思想。

至於古希臘的哲學家如蘇格拉底，也有不同的造型。他的眼神好似在沉思，有一副思想家的神情。或者面對一群年經人，滔滔不絕在探討真理的神貌。

基督教的中心人物，基督教的開創者——耶穌，也不例外，他的站像呈現他正在宣揚愛的福音，和神的旨意，也有坐姿在最後的晚餐會上，跟使徒們圍在桌前坐下，甚至也有一種受刑的像，現出他正在揹著十字架，受苦受難。

至於回教的復興者，也是政治家、軍事家和社會改革者，穆斯林認為他是「真主」的穆罕默德像，卻是右手拿著可蘭經、左手執利劍。站在阿拉神面前，一副所向無敵的威風。

回顧這些名人的像，可見被尊稱為佛陀、釋尊坐禪的姿態，非比尋常，實在很出色。

不消說，如果再擴大到佛教諸位尊者的像貌，除了坐形外，其他多得不勝枚舉。

(3)、阿彌陀佛像

例如，西方極樂世界那位阿彌陀佛是怎樣的長相呢？我們常見他的坐姿，殊不知他的站像也不少。因為他的造型象徵某種意義——只要一聲「南無阿彌陀佛」，或唸出阿彌陀佛的聖號，依照這位佛爺的本願，誰都能得救，也能令任何人往生到他所掌管的西方淨土，基於這種信心，他會忙著到處救人，那就得描畫出一副遊行的姿態了。所謂「接引佛」的造像例子，通常都屬於站像，而不是坐像。

日本平安時代，有一位叫做源信大師寫一本《往生要集》，很快成為貴族社會的暢銷書，致使淨土派和信徒迅速增加了。源信以後又寫一本《臨終行儀》。他說人在臨終時應該怎樣承受死呢？或怎樣看待死亡呢？他指出大家內心的真正希望。

實際上，源信也用這種方法注意老母的死相，譬如，他在亡母的枕邊祭祀阿彌陀佛，從阿彌陀佛的右手放下一條五色的繩子，讓亡母的手握住這條繩子尖端，母子一心唸唱「南無阿彌陀佛」，同時作最後的訣別。

據說人在臨終的瞬間，在意識逐漸模糊中，阿彌陀佛會翻山越嶺跑來，呈現燦爛的光輝，在這道黃金的光輝裡，人被層層圍住；而後被載往極樂世界裡。

佛爺的活動要靠站像，才能給予他的行動某種特徵。

(4)、眾菩薩像

菩薩像跟佛像一樣，大部份都屬於站像。

例如，觀音菩薩即使坐著，也像如意輪觀音一樣，單膝站著；或坐在椅子般的台坐，單腳著地。有人描畫「悲母觀音」，在冥冥的虛空中，很柔和地站著。雖然，十一面觀音，或千手觀音等多半是站像，即使沒有聲音，也在側耳傾聽，到處出現，彷彿觀音菩薩那種變幻自在的活動，當然，造型也宜合乎這項要求。

因為地藏菩薩扮演一位救護者的角色，前往地獄或六道輪迴的世界，才要呈現僧像，手持錫杖在遊行的姿態。

文殊和普賢菩薩，通常的造型是坐禪姿態。例如，文殊菩薩一定在獅子背上坐禪，而普賢菩薩卻騎在白象背上坐禪。文殊是智慧的代表，而普賢卻象徵願行，他們自在通行無阻的狀況。文殊、普賢跟芸芸眾生之間，才要由獅子和大象來搭配。

由此可見，佛教各位尊者的像，也是形形色色。我們無法在此詳細介紹。不過，彷佛觀音像與地藏像也有坐禪姿態，他們的結跏趺坐法，事實上是佛教跟別的教派不同的唯一形像。

那麼，這套獨創性的坐姿，當然是來自釋尊的修行方法了。

㈡、釋尊的坐法

釋尊的像，不乏用坐禪姿勢，其間自然有道理。根本原因是，釋尊開悟成道，以及以後四十五年的弘法生涯裡，經常採用自己實踐出來的修行法——坐禪。

1、成道的坐姿

大約紀元前五～四世紀，南望喜馬拉雅山，在印度與尼泊爾兩國接壤的地方，正是釋尊的生長故鄉。他出身一個小國的王族，也是王權的繼承人，年輕時代在舒適豪華的王宮渡過，婚後生育一個兒子。

他從幼年開始，生性憂鬱、多愁善感，這位喬達摩・悉答多長大以後，毅然實踐出家的願望，當時年僅二十九歲而已。

當時，印度社會流行一種觀念，認為人生最理想的安排，無疑是學生期、家長期、林棲期和遊行期等四個階段。

學生期是指成人以前，全心研究學問，磨練技藝的時期。

家長期是指二十歲左右，結婚成家，以家長身份從事某種行業生活養家。

林棲期是指五十歲左右，讓長子繼承家業，自己離家到荒山林野去隱居，追求梵我一如的境界。

遊行期指自己獲得理想的境界以後。一面到村鄰托鉢化緣，一面遊行過日子，這叫做比丘——乞食為生。家長供養衣食給比丘，才能累積功德、利益自己。

當然，社會理念終究是一種理念，若要真正離家住在森林裡，思索人生，也要看看各人有沒有決心？而不是人人做得到。不過，也絕非沒有一個人會依從社會習俗去實踐這個理念。

例如，釋尊出家後，多年苦行，嚴厲地督促自己，致使身心非常衰弱，這種嚴謹的修行生活的確不容易。

他本來生活在王宮裡，沒有任何經濟上的煩惱，一下子放棄這種日子去出家，到底動機何在呢？許多傳記作家各自不同的解答，但是，通常都會去探索釋尊幼年的生長過程。

(1)、釋尊的悲哀

據說釋尊幼年時代有過以下的經歷。

因為釋迦族算是農耕的族群，每逢初春，依照慣例都要舉行農耕祭典。

讓牛隻拖著犁去挖掘土壤。這樣一來，各種蟲類不得不從漫長的冬眠裡，蹦跳出現在陽光下了。躲在樹枝上的小鳥群，馬上蜂擁下來，搶奪小蟲果腹。另外有飛禽在天空盤旋，一看到目標，立刻俯下來，伸出尖銳的利爪，抓起小蟲飛回天上。

大人們在祭典裡，目睹這種情景，都蠻不在乎了。然而，孩童的純潔心卻受到沈痛的打擊了。這不是弱肉強食、互相殘殺的生存方式嗎？這個孩子在萬分痛心的情況下，感到一陣迷茫了。

一群傳記作家說，這個孩子進入禪定了，事實上，他也許正在茫然若失，哀傷到極點。

這時候，他也許正在想自己生下來第七天，慈母去世的情景，自己活在人間也要付出代價。

啊，生命何其苦惱，人間何其悲哀！

話。

⑵、老、病、死

釋尊年輕時代也有過下列的經驗。那就是非常著名的四門出遊這段軼

有一天，他想出去打獵，就離開東城大門。不料在半路上，他看見一個彎腰駝背、手持拐杖、步伐蹣跚的老人。據說這位心理單純的年輕人，看見這個毫無生氣的老人以後，再也沒有興致去打獵了。於是，他回到宮裡，暗想自己將來衰老的情狀。那麼，眼前生氣蓬勃的青春又有什麼值得驕傲呢？不久，還不是糟老頭一個！

又有一天，他從南門出城，路上遇見一個重病的人，後來，他在西門碰到死人，接著，在北門遇到一位出家的修行者。

這樣一來，這位純潔而且無憂無慮的年輕人，面對老、病、死的實際苦

惱。經過多次思索，始知出家修行，才能解脫這些苦惱。

那些人的苦惱，並非他們單獨的痛苦，無疑也是自身的痛苦，這位年輕人暗中發誓，自己總有一天要解決這些令人痛心疾首的難題。

這時候，這位年輕人到底以何等姿態消化這種亂七八糟的人生問題呢？有些傳記作家說，他跟當時的出家人一樣，也許只靠坐禪反省這種老套做法而已。

無如，他若能傳播自己當初那種莫名的感慨，那麼，他應該不止於那種老套做法才對。那些體驗無異人生的轉機，彷彿啟示一樣突然出現，他當時沒有理由一定要用特定的形式。

(3)、出家與修行

釋尊出家後，很快去投奔兩位名重一時的宗教家——阿羅藍、優頭藍伽，學習修行與解脫之道。

阿羅藍仙人教導的禪定，叫做「無所有」處定，而優頭藍伽教導他一套「非想非非想」處定的禪定工夫。所謂「無所有」處定，就是讓心裡各種念頭都消失，而另一種禪定是「非想非非想」處定，是教人連心裡湧起自覺的念頭都沒有了。

以後，有釋尊的教團裡，也曾實修這種禪定，綜合起來叫做四禪八定，列入佛教的禪定系列裡。在這套修行法裡，以坐禪最適宜，因為釋尊把坐禪組成兩類禪定。

只要學過一次，釋尊立刻發覺僅靠這套禪定，顯然不夠，接著要實踐各式各樣的苦行。例如，斷食、不睡眠、模仿動物舉止等行為，都被列入苦行的種類，可見古印度時代的宗教界，流行各種苦行。

六年裡，釋尊嚐試了各類苦行生活，最後，這些苦行只會折磨肉體，縱使可以鍛鍊精神力或意志力，卻也得不到內心的寧靜與自由，這是釋尊苦行以後的心得。

於是，有一天，釋尊苦行結束去河邊洗腳。在身體極端疲乏的狀態下，他終於發現一條智慧的光芒。今天，拉賀魯博物館保存一具釋尊的苦行像，很可能就是想像當時的樣子。

佛陀傳把這段經歷，很戲劇化地描述出來。

以前，曾經陪伴釋尊出家修行的五個朋友，目睹釋尊拋棄苦行生活，不禁冷嘲地表示：「悉答多終於墮落了，耐不住苦行、沒有希望了。」據說從此棄釋尊而去了。

之後，釋尊走到尼蓮禪河的岸上，讓瘦弱的只剩下皮包骨的身體，跳進河裡洗澡，據說輕瘦的身體，幾次被水流漂走，沉下水底去，此時，他連伸手握住水草，想要掙扎起來的力氣也沒有了。話雖如此，他反而疼愛和憐惜自己的身體，而仔細地清洗一番，有人想像釋尊此時的修行姿態。

也許村裡有一座守護的神廟，有人早晨拿東西祭供，只見一位名叫難闍達的姑娘經過這裡。剛好洗完澡，出現在這位姑娘眼前的修行者，讓她十分感動，忍不住湧起一陣恭敬心。

只見她趕緊將脇下一個鉢裡的乳糜，慷慨地端到釋尊面前，表示真誠的供養。釋尊收下她的布施，才逐漸恢復力氣。之後，釋尊才得以身心平衡，靜下來坐禪。

千萬不能惡作劇地折磨身體，有人雖然想盡各種方法苛待身體，百般實踐苦行，也照樣得不到內心的無礙。相反地，也絕對不能只重視心境，如果具體性的身體不能穩定，心境也難得平衡。諸位不妨仔細推設釋尊所謂中道行為，大體上不脫離這個意義。

非常重視身心的平衡，無疑是佛教思想的根本，它成了佛教的傳統。證明佛教不走極端、不會離譜。

釋尊很仔細地反省這些經歷，不久，他來到一棵大菩提樹下，鋪上乾草、雙腳組合、呈結跏趺坐，用雙手結成禪定印，慎重發誓自己若不得開悟，也決不會起立離開，抱著極大的決心坐禪了。這種坐姿叫做金剛坐。意思是，什麼也動盪不了的程度，意志好像鑽石般堅硬的坐禪。

據悉這次坐禪大約長達一星期。只要肉體活著，一定要有最起碼的飲食和大小便才好。

(4)、成道的坐禪

十二月八日清晨，黎明前的繁星在閃爍，釋尊湧起某種自覺——自己成佛了。那是多麼寧靜和真實，釋尊自己也有這種確認。這就是成道——成就佛道。

但在南傳佛教方面，卻把釋尊的誕生、成道和涅槃等三天，一齊定在五月同一天。相反地，北傳佛教把佛陀誕生定在四月八日、涅槃定在二月十五曰、成道定在十二月八日，南北傳佛教在這方面大不相同。

把三種神聖的日子定在同一天，總是太勉強，有些奇怪。勿寧說，北傳佛教的說法比較可靠些。釋尊在迦耶這個地方開悟，所以，此地叫做菩提迦耶，而那棵毘帕拉樹也改成菩提樹，藉以讚嘆釋尊的德行。

那麼，釋尊成道的確從坐禪的姿態裡達到目的了。關於釋尊成道後的那段掙扎與曲折的身心歷程，佛陀的傳記作家們都寫得很技巧，很深動。

當釋尊進入禪定，周圍有一群惡魔蜂擁前來，向釋尊甜言蜜語、威脅利誘。釋尊平心靜氣地逐一降伏牠們，把內外一切慾望打得落花流水了。這一段過程叫做降魔成道，意思是，打敗惡魔，大徹大悟了。

釋尊這段緊要的禪定體驗，叫做四禪八定。

四禪八定

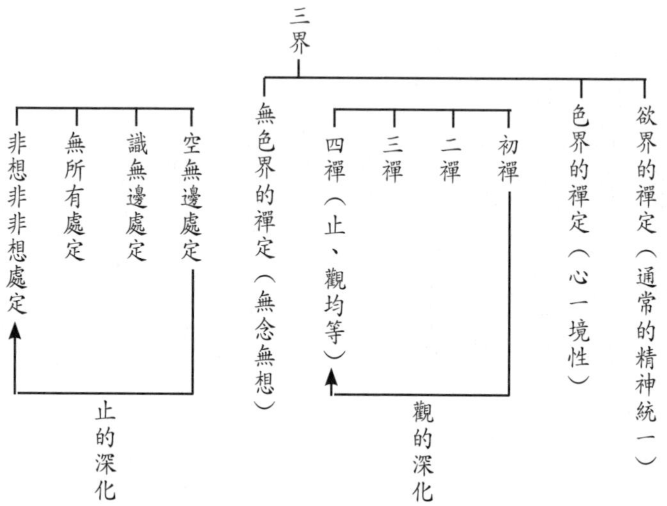

四禪是指初禪、二禪、三禪和四禪。雖然，四禪是色界的禪定，但又加上無色界的禪定——四無色定，總共有八定。四無色定是空無邊處定，識無邊處定、無所有處定、非想非非想處定。後面兩種是從阿羅藍和優頭藍伽身上學來的禪定。

四禪八定的禪定體系，正是把坐禪那段心境的深化過程圖式化出來。

因為釋尊按照順序，深入每段心境，到止觀均等的心境——第四禪，才恍然開悟。據說入滅以後，也在第四禪裡復活了。

後來，一群中國的大德，進一步研究坐禪的方法與系統，例如，天台宗的智顗大師寫一本《摩訶止觀》，才完成天台止觀的體系，此時尤其重視止觀均等的禪定。不消說，他是站在釋尊的禪定立場來探究的。

釋尊開悟以後，大約三星期左右，一直在坐禪。所謂悟後思惟者也。釋尊不僅在菩提樹下坐禪，也能隨心所欲移到附近許多繁茂的榕樹下打坐入定。

最初一星期，釋尊的整個身心都處在難以言喻的歡悅裡。到了第二週，才有意用言語表示這種喜悅，終於慢吞吞地說出來了。

「有這個，才有那個，生彼才生此。」所謂順觀（現實的分析）的緣起也。到了第三週，又成就「無此才無彼，此滅才彼滅。」這是逆觀（理想的實現）緣起。

2、安道的坐姿

(1)、佛教的開始

釋尊成道以後，離開伽耶前往鹿野苑——波羅奈的郊外——向當初一起修行的五位比丘說法。當時向他們講解四諦八正道。據說五位比丘聽了釋尊說法、紛紛都證得阿羅漢果了。所謂阿羅漢的意思是，適宜接受別人的尊敬與供養。

從此才有人聽從佛的教理，開始成立教團。嚴格來說，佛教是從這個時候開始。所以叫做「初轉法輪」，為的是紀念佛陀初次說法。

據說先是開悟，也不能叫做開悟。只有將自己悟到的內容教化眾生，才能叫做佛。既無說法的意慾，縱使有弘法意慾，倘若沒有充分的教化能力，照樣沒有資格成佛。

釋尊在菩提樹下開悟。經過三七日的思惟與內省，好像心情很消極。他認為今天自己觀照的緣起理法，不論向誰說，似乎都無人能夠理解。據說釋尊想到這裡，寧願將自己領悟的理法暗藏起來，也不準備向別人表示。

這是覺悟者的孤獨。據悉梵天洞悉釋尊的心事，立刻指出釋尊的想法不對，也熱心奉勸釋尊應該像過去諸佛的做法一樣，研究善巧方便的工夫，儘量向許多人說法才對。這叫做「梵天勸請」。

釋尊在虛空中自問自答。因此，釋尊先說四聖諦與八正道，深入淺出地解釋這套緣起理法。

四聖諦的說法是苦諦、集諦、滅諦和道諦。因為諦的意思指真實而不撒謊，所以，四聖諦是指四項真實的意思。

苦諦是四聖諦中的第一聖諦。是說我們在三界六道輪轉的時候，要觀察在三界六道是有苦的。指生存的確很苦惱。

集諦是積集、生起的意思。集是苦的因，能招感、集起生死苦果，如貪、瞋、癡等煩惱。指苦惱的原因與條件的確如此。

滅諦是人生的諸多痛苦，皆由於自己過去、現在所造作的煩惱業因，因而招感苦果。若欲解說人生的痛苦，則須尋找究竟安樂的處所為歸宿。指釋尊實現的覺悟，貨真價實，絕對沒有錯。

道諦，又稱苦滅道聖諦，是說如何破解苦集，使苦不再積聚，乃至滅壞的修行方法。指如何到達悟境的方法也非常實在。

道諦有八正道——八條正確的實踐方法。就是正見、正思惟、正語、正業、正命、正精進、正念和正定。

那就是看準緣起理法，根據這種正確理念（正見），而過著深思熟慮的生活（正思惟）。同時，說話合情合理（正語），行事正確無誤（正業）。然後做正經事生活（正命），不斷督促自己，不能怠惰（正精進）。這樣一來，才能朝向人生的正確目標（正念），聚精會神（正定）。只有實踐這八條正道，世人才能跟釋尊一樣抵達覺悟的境地。以上是釋尊的教誡。

五位比丘聽了這些教誡，也紛紛證得阿羅漢果了。

從成道到初轉法輪，這般經歷在釋尊心裡具有某種意義，凡是靠一人覺悟而無力讓別人開悟的覺者，叫做「獨覺」或「緣覺」，若自行覺悟又能使別人覺悟的覺者，在格位上居優勢。釋尊真正具有自覺（自利）與覺他（利他）兩種行性，才能成為圓滿的覺者。

釋尊透過說法，證明了自己是佛。五位修行者依照釋尊的指示，各自開悟，這樣才充分檢驗出那些法的確不錯。

在這種情況下，才能成立佛寶、法寶和僧寶等三種寶。

說法的釋尊像

今天發誓信佛學佛，無異表白自己唸唱這些話，旨在皈依佛、法、僧三寶。皈依三寶，等於信仰佛教的起點，也是一種歸宿。本來，三寶也象徵釋尊的人格。

接著，由於釋尊的首次說法（初轉法輪），才成立一組六個人（包括釋尊）的教團。

(2)、教團的衣食住等問題

不久，釋尊及佛教逐漸被人重視，聲望日漸興隆。待舍利弗與目蓮尊者等，率領大群弟子投奔時，才使佛教的教團迅速擴大起來。

一旦形成教團，自然有許多人來皈依，而形成外圍的支援團體。例如，摩伽陀國的頻婆舍羅王，和他的妃子韋提希夫人也來皈依，拘薩羅國的波斯匿王和妃子末利夫人，都紛紛前來成了有力的支持者。還有富甲一方的財主，也在各地建設精舍，捐贈給教團了。

例如，摩伽陀國王在王舍城郊外建造竹林精舍，而拘薩羅國王捐贈祇園精舍，都是佛教史上頗有名氣的。另外，在鹿子母堂外有幾所精舍，都是信徒贊助和供養的。

雨期三個月，根本不能外出，幾百位修行者只好定居在精舍裡，一同起居，專心過修行生活。這種制度叫做夏安居。

因為有一大群出家人團體生活長達三個月，其間，當然要擬定一套規矩，僧眾才能按照規律過修行生活。

佛教的沙門是要剃光頭髮、披上袈裟，藉此區別其他宗教的修行者。通常叫做三衣一鉢，最低限度要具備三類衣服，和一套食品，其他貴重東西或裝飾品，在修行上不需要，不允許攜帶在身上。

當然，這是釋尊出家精神的傳承。只有徹底放棄世俗性地位、名譽和利益等一切所有物，才能實現釋尊無上的福德。

肯定佛的教義，專心修行，當然不在話下。

早晨和正午的飲食，要仰賴托鉢，這叫做乞食或行乞。這套慣例目前在南傳佛教依然照做，也完全被傳承下來。

在精舍裡，僧眾好像不曾準備飲食的工作，在寺廟裡做飯或飲食，始自中國佛教。尤其禪宗教派最先在田野耕作食物，他們似乎主張煮飯、飲食和排泄等生活細節，也全部屬於佛道的修行內容。

為了適應環境、受到許多孕育佛教的自然、風土、社會和文化等條件的影響，才讓佛教的作風有了改變。釋尊的教團規定，每天清晨到各村落去，挨家挨戶行乞，並把布施得來的食物帶回精舍，大家聚集在一個地方平均分配飲食，之後才一塊兒開動。

在布施得來的食物裡，難免會有些肉類。因為他們把布施得來的食物，都看成很清淨，所以，印度佛教連肉類也吃下去。

中國佛教卻認為酒或肉都吃不得，梁武帝曾經下一道「斷酒肉文」的勅命，這是歷史上有名的禁令。

清晨乞化回來的食物，分為早上和正午兩次的飲食。正午以後不能吃東西，戒律上特別禁止「非時食」。

當然，到了中國佛教時期，意思就不一樣了。好像長安和洛陽等地，屬於中原的氣候和風土，多少保存些原始佛教的戒律，事實上，誰也不容易去敦品勵學，完全實踐。

不僅布施如此，原則上，中國佛教選擇自給自足、自耕自食的寺廟經營法，很自然地被迫改變早晨和正午只吃兩餐的做法了。到田野耕作的身體勞動，相對地需要吃晚飯。藉著藥石這個名目，才確立晚餐的習慣。

勿寧說，這種變更倒也不失為現實的適宜措施。

由此可知，凡是加入佛教教團的修行者們，都備妥袈裟等三衣，靠著托鉢飲食兩次，如果不出門去行乞時，就要住在精舍，一起修行了。

這就是釋尊的教團在衣、食、住方面的情狀。

生活在這種環境裡，限在黎明、正午前、傍晚和夜間等四時，都要聽聞釋尊的教誡，唸唱自己聽來的教理，或冥想或打坐，甚至也到密林裡散步。

(3)、聞法與坐禪

今天日本各地的佛教寺廟，都有舉行誦經等行法，當初的精舍生活並沒有這類活動，所以，說法、聞法和坐禪思惟，無疑是修行的一切內涵。

聞法與坐禪，始於釋尊初轉法輪的時期，跟五位比丘那種曰子，他可以說是以安居為中心，在精舍過日常生活的原始風貌。

基本上，修行生活在釋尊及其弟子們之間，並沒有改變，雖然，有時接受在家信徒的邀請，前往對方家裡傳教，也會接受飲食的供養，殊不知修行的課程規則並沒有崩潰。

由這樣看來，釋尊坐禪的姿態，就不只成道或開悟時候的坐姿了。勿寧說，我們應該改變想法，釋尊成道以後的四十五年裡，每天都有過坐禪的經過。

換句話說，釋尊的坐禪，早從成道前開始，經過成道過程，天天都在實踐這項課業，直到入滅為止，一輩子都靠打坐這一行來貫徹教理。

因為釋尊活在打坐的生涯裡……。

釋尊入滅以後，佛教的教團都說頭陀行第一，摩訶迦葉以坐禪修行領袖群倫，由他出面號召佛弟子結集，自然有它的道理。後世塑造的釋尊像，以及各種如來像，都用坐禪的姿勢來表現，最主要的理由是，根據原始佛教教團裡的修行形態。

㈢、坐禪的境界

⑴、止觀均等的禪

釋尊常常進入禪定，統一心神。不論步行、站立、橫臥，甚至在說話或沈睡時，所謂時時刻刻都在修禪定。

禪的原字是梵文的 dhyāna，相當於巴利文的 jhāna，即深思熟慮的意思。有人音譯成禪那，或意譯成靜慮。後來，原字的發音逐漸變樣，才由禪這個字來表示。今天，國際上的習慣性的禪字讀音，反而用日本 Zen 的發音，而不用中國的禪字讀音了。

同類語字有 samādhi，被譯成三昧。例如，羅什三藏翻譯的禪經裡，就題名為《坐禪三昧經》。

samādhi 意思是，內心保持平靜，聚精會神於一個對象。有人譯成等待，或心一境性。這些語言在耆那教——跟釋尊同時代興起的宗教——都採用，古印度時代的修行者把它列為共同的修行法之一來實踐。

釋尊在修業時代，也曾學過當時流行的各類禪定與苦行，最後，他採用四禪八定的禪定體系，自己常常實踐這套行法。

所謂禪定名稱及其組織，固定沿襲老套，殊不知內容卻是靠釋尊重新調整出來的東西，跟原物大異其趣。

雖然，釋尊仰賴四禪八定的禪定，但在成道與入滅等重要場面裡，都採用第四禪。

第四禪的特質，在止與觀均等的禪定，止與觀的字，在其他教裡沒有例子，完全是佛教獨自的用語。

止是samathā字的意譯，觀是vipassanā字的意譯。

止是心念止於一境，將散亂的心態活動靜止下來。說得徹底些，將心攝收在佛的教誡裡，而不用在別處（停止的意思），即是止息妄念（止息的意義）。

觀是觀照心念的動靜狀態，平心靜氣地仔細觀察。說得徹底些，乃是一種觀察智慧的活動，了解事物的真狀（達觀之義），心的卓越活動，可以貫穿與切斷煩惱（貫穿之義）。

《楞伽經》是大乘佛法中綜合了「虛妄唯識系」、「真常唯心系」的一部重要經典。把止跟禪定搭配，把觀跟智慧對置，止觀均等是以定慧相即的形式來探究，它對後世成立禪宗有極大的影響。

《大乘起信論》，略稱《起信論》，是大乘佛教的一部論書，法性宗的提綱挈領之作。對止觀下這樣的定義，止是能停止一切迷妄境界的相，而觀是依靠因緣來分別生滅中的現實事物。

在《注維摩》裡，羅什三藏認為把心聚集於一處就是止。而觀是指寂靜的心活動明朗。

雖然，表現上略有微妙的差異，但是，最要緊的，止與觀一定要保持平衡。禪定常常由智慧來引導，而智慧得由禪定來具體化，只要缺乏任何一種，都不能平衡，故不能偏向任何一方，才是佛陀的教誡。

第四禪的情狀是，止與觀的均等，心要制御正確，呈現本來面目，心可以說是對內外各種事物都認識和判斷很正確。

當然，從檢驗的觀點來說，止與觀可以這樣解說，無如，心在第四禪的活動，止與觀並無兩種，都表示同一種心的實在境界。

心若能停止在佛的真正教義裡，妄念自然會熄滅，本來很卓越的心能活動，無疑會符合真情實狀，那麼，心的活動也不會被煩惱任意擺佈了。

目前，暫時不必急於下結論，我們只想再回到釋尊禪定的立場，重新考慮止與觀的均等方法，實際上是怎麼回事呢？

(2)、釋尊的禪定

怎樣將自己的心停留在佛的教誡裡呢？例如，把熱衷權力、聲望或財富的心態，使勁兒地拉回到真實的情狀中，這種情形就是問題的答案。本來只看一個方向，或者迷失了方向，現在返回原處，或者類似回心轉意的例證。

換句話說，有些人以前每天生活在聲色犬馬的生活裡，一點兒也不知反省或警惕，現在會自我反省、回歸到人生最究極的意義方面。

所謂最究極的意義，就是指釋尊當年在菩提樹下覺悟那套緣起法，以及從此衍生的慈悲觀。

那套緣起觀是很冷酷而又嚴肅的事實，意指天下事物都不離緣起緣滅。一切事物得以成立的諸神原因與條件，一旦發生變化或消滅時，那些事物也會隨之變化或消滅了。這是誰也動不了的事實和道理。世間沒有一件事物是固定不變的實體，這叫做無我，或無自性。若從變化的樣相來說，那就是萬物脫離不了無常。一切都是變化的狀態。所以，無我與無常，也跟緣起（緣滅）同一意義。

(3)、「空」的發現

部派佛教似乎對事物的緣起狀況，有詳盡的分析與解釋。大乘佛教的信徒對於釋尊大徹大悟的境界，不滿意如此分析與形式性的靜態理解，他們想盡方法要更直接地掌握釋尊那套教義的生動意義。結果，他們發現了「空」這個字義。

感。

所以，空與緣起等於同義字，緣起的理法透過空這個字取回原來的實感。

當大乘佛教那種空的觀念傳入中國時，中國知識分子將它跟無為自然的思想看成同一個意思，無為自然的思想出自中國傳統的老莊哲學。他們以為空屬於無，完全虛無。

事實上，佛教的空即是緣起的意義，跟虛靜無為的心境顯然不一樣，後者在中國純粹為了要跟孔孟的儒家思想相抗衡，這一點必須事先說明白。

空的原字是'syūnya。依我看，若用印度字來說明，可能最適宜用零的意思。空空如也，或什麼也沒有，若空等於緣起的同義字，那麼用零的意思好像比較恰當些。

例如，把「空」英譯成 emptyness，或 all is nothing，這樣跟空虛，或虛無的語感相通，倘若這樣理解空，恐怕會跟老莊思想搞混，所以很不適當。

勿寧說，將某些東西造成零，似乎用 zero some creative 的譯字比較適合空的原義。

如果要再三確認，那麼，緣起法不外等於空的理法。

所以，止的禪定，像在緣起與空的理念上把人連繫起來。

在緣起與空的理念上，觀的禪定是指諦觀內外的事物。

由此看來，止與觀的活動運動很平衡，即等於止觀均等的第四禪定。

這種情形也能用止、觀、捨來表示，因為捨是不偏向止與觀的任何一方，所以，才能充分表現止與觀的均衡狀態。

第二章　中國佛教的坐法

(一)、靜坐的進展

(1)、聖地五台山

五台山位於中國山西省東北部忻州市五台縣東北隅，是中國四大佛教名山之首，被稱為「金五台」。當年文殊菩薩在此修行，大家相信只要信仰真誠，菩薩必然會呈現在眼前。

早年從唐朝開始，信仰文殊的風氣就很盛行，現在中國各地的信徒也都很熱心來朝拜，絡繹不絕來瞻仰這裡的道場。

五台山海拔三千公尺，有群峰環繞，中央盆地稱為台杯、盆地中心建築許多佛教寺廟，規模宏大，氣象萬千，鱗次櫛比。越過幾個山巔，一旦目睹台杯的周圍，不禁令人懷疑，這就是佛教的桃花源地嗎？

雖然是暑夏，不過，早晚都有濃霧籠罩佛堂與佛塔，暮色蒼茫，真有說不出的情趣。

台杯中央有一座顯通寺始建於東漢時期，是中國最早的佛寺之一。也稱做大孚靈鷲寺、花園寺、大華嚴寺、大護國聖光永明寺，屬於華嚴教學的聖地，這座古剎跟一位名叫清涼澄觀的學僧齊名。

日本有一個名叫圓仁（西元七九四～八六四年）的學僧，唐朝時來中國學佛，謚號慈覺大師。也曾在這座寺廟拜志遠和尚為師，研究《摩訶止觀》，回國後寫一本《入唐求法巡禮行記》的書。

圓仁在唐前後十年，在日本承和十四年（八四七）回國。翌年入京，受賜傳燈大法師位，任內供奉十禪師之一。

這座寺廟也有自己經營的店舖。其中，有一小冊子僅有四十四頁，內容卻非常有趣。

封面呈水色，有綠竹的圓案。大字體寫出《靜坐入門》的書名，左下方則用活字體印出「定真著」。作者到底是何方人氏？我不清楚。

裡面有一頁橫寫的大字：「福建省莆田廣化寺印行」，下面記載：「浙江省天台山國清寺、浙江省普陀山普濟寺、浙江省瑞安仙岩經壽寺、蘇州靈岩山寺」等四座寺廟為「流通處」。再底下有印刷體小字：「一九八二年二月」。

顯然，這本小冊子在福建省印刷，以江南諸寺廟為流通處，現在居然遠流到北方山西省的一座深山裡，不禁令人十分感慨，也非常讚嘆。

打開一看，裡面有六幅畫圖。因為有一個漢子輕裝便旅，依照順序在打坐。原來，他在半跏趺坐，也用結跏趺坐、雙掌像接受寶珠那種樣子，把兩拇指畫成接觸的「法界定印」。

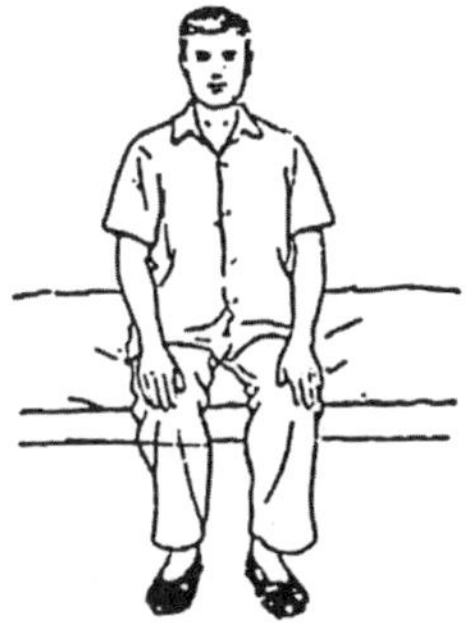

1.坐在草蓆上

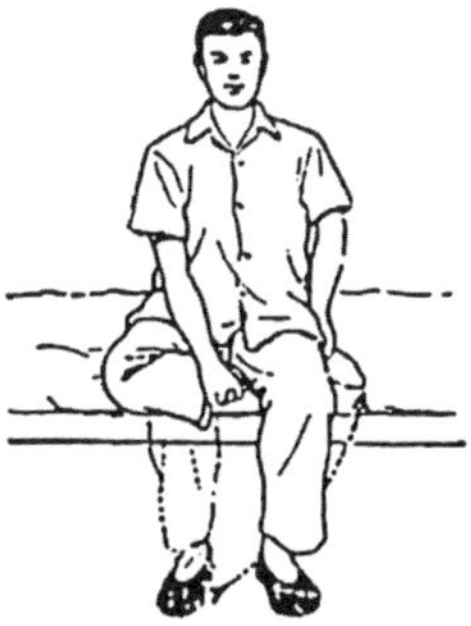

2.把右腳拉攏進來

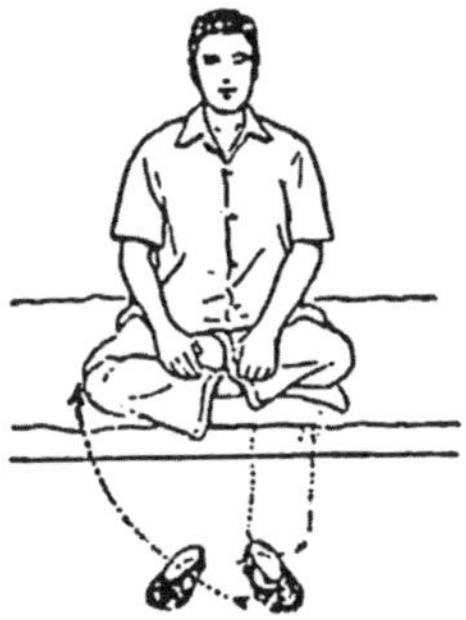

3.將左腳重疊在右腳上

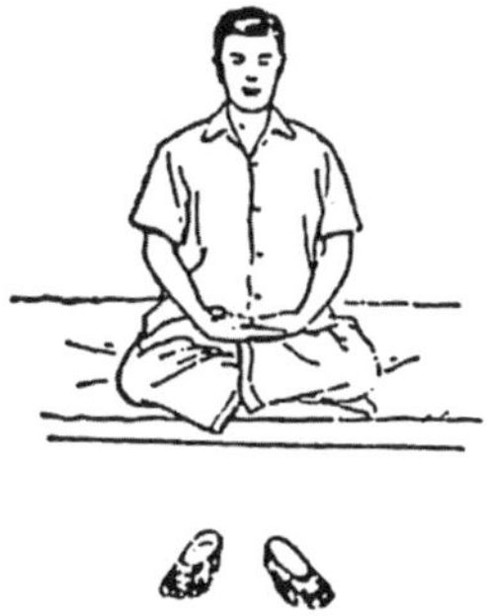

4.半跏趺坐

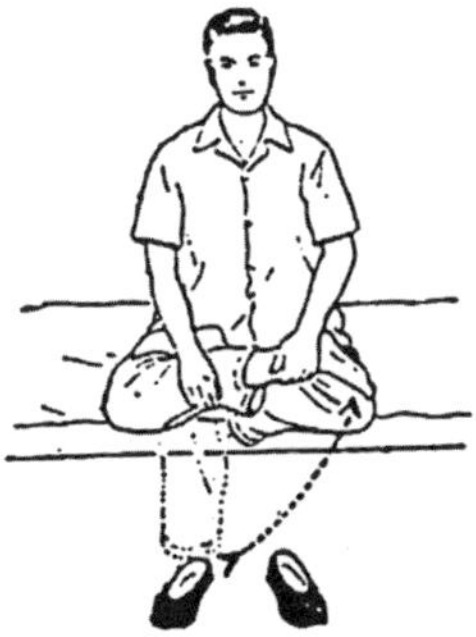

5.又把右腳抬高

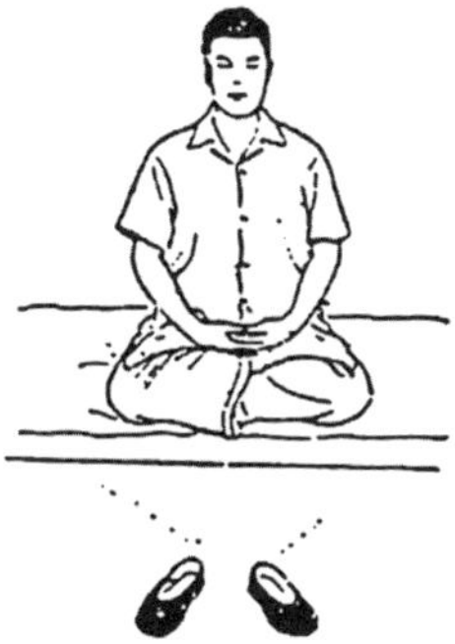

6.結跏趺坐

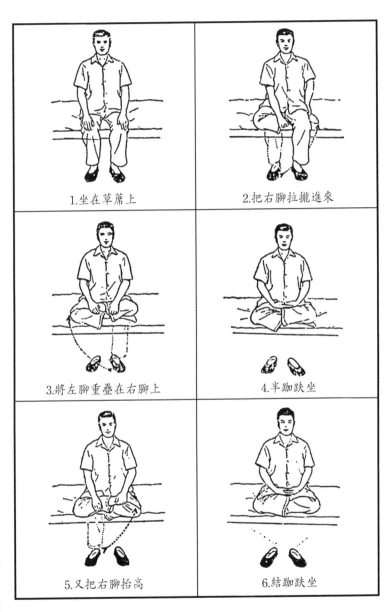

雖然書名叫做《靜坐入門》，事實上並非靜坐，而是坐禪的入門書。因為由寺廟出版的書，當然要這樣命名。首先，令人吃驚的是，該書竟會介紹極傳統式的佛教結跏趺坐法。

(2)、現代中國的靜坐

我不妨按照目次，進一步介紹該書的內容於下：

一、為什麼要靜坐？

甲、最基本的修養法

乙、靜坐與生理的關係

丙、靜坐與心理的關係

丁、精神力的集中

戊、靜坐與修定

四、結論（附錄）

靜坐與健康

靜坐詩選

由以上的結構看來，可知這是為了澄靜思慮，增進健康，修養身心，才勸人享受靜坐。但是，關於調心那一篇指出，靜坐的目的，不單單為了增進健康，其間也能調伏妄心，妄心調伏後，也能讓智慧得到明朗，而身體健康等才是其次的益處。

最後，就是調息念佛的坐法。心裡要默念阿彌陀佛的名號。作者教示用吸息唸阿彌，用吐息唸陀佛，或用吐息唸阿彌，用吸息唸陀佛。因為他再三引用《坐禪三昧經》的念佛三昧說，以及飛錫所著《念佛三昧寶王論》的說法，可知本書所說的坐禪，屬於念佛禪。

關於歷代祖師大德的靜坐部份。作者開章明義指出「道元大師《坐禪儀》說」，居然引用日本道元禪師那本《普勸坐禪儀》的文章，實在令我吃驚。他們肯把日本的道元禪師看成中國的佛學家，無拘無束，很單純地引用他的文章，顯得落拓大方，不會小家子氣。

這樣一來，照理說坐法也能夠相應表現出來才對，事實也不盡然。例如，關於眼睛的睜閉問題，他甚至記載眼睛不妨輕輕地閉上，兩眼微開也不行，可見他倒不一定採用道元的坐法。我很注意這個矛盾問題。

他們引用資料壓倒性採取天台智顗的《修習止觀坐禪法要》（天台小止觀）、《釋禪波羅蜜》（次第禪門）、《六妙門》、《摩訶止觀》等著作，另外也引用一小部份六祖慧能大師那部《六祖壇經》。

從他的引用頻度與重點排列裡，不難看出本書基本上以《天台止觀》為架構，一面參照道元的《坐禪儀》等書，一面指出現代中國社會裡，人民在日常生活的靜坐效果與心得。

不論怎樣，據我所知，佛教在現代中國不怎麼發達，今天卻以這種形式向百姓解說坐禪的意義，這使我忍不住想起坐禪文化是多麼根深蒂固。

當然，這本小冊子所介紹那套坐禪的靜坐法，來自印度佛教，但傳入中國以後，天台止觀集其大成，也導使禪宗在後代突飛猛進。不久，以入宋傳法的沙門——道元等人為代表的諸位禪師，紛紛傳到日本，才形成日本坐法的文化風貌。

(二)、漢民族與坐的文化

(1)、中國傳統文化的坐法

漢民族以獨特的漢家文化，在長安與洛陽一帶的中原地區做舞台，如火如茶地開展出來，他們自古以來就習慣坐的生活了。

現在，中國出版勸人靜坐的書，似乎超過佛教的宣傳範圍，自有相當的理由。

如果依照日本社會習慣所謂地板生活的話。那麼，現代的中國人也有這種傾向，長期以來，漢民族就一直有這種習俗，我們不妨回憶一下其歷史。

據說漢民族使用椅子的生活方式，比日本更早，大約從唐代開始就流行這個風俗了。目前，中國一般家庭也都有桌子、椅子和床鋪，應該是唐代以後，就固定了這種生活方式。

不消說，經過西域的絲路，希臘和羅馬的生活方式才傳進中國來。

在此以前，中國人習慣在床上，鋪好竹子或草編造的墊物，然後才坐在上面。

今天的日本房子裡，床板上鋪有草蓆，但在古代中國，只有坐處才放有草蓆，那種場所有時會移動。那就是所謂「席」了。

好像天子諸侯等身份較高的人，坐在三層相疊的席位上，大夫和士可以坐二層席上。據悉孔夫子時代也不例外。

《論語》的鄉黨篇有一句話：「席不正，不坐。」一般都解釋：「席子沒放正就不坐」。其實應解釋為，當人在自己漸漸偏離正道的一思一念沒有意識到或把握時，便會造成更大的偏差。

依照當時的禮法，孔子在落席就坐以前，一定要先把席位排整齊，否則，他寧可不坐。另有「君子必須慎其獨」（《大學》）和「君子必須誠其意」，可知孔子的慎獨思想一定把坐的禮儀當做主要方法。

在《莊子》外篇的「在宥篇」上也記載，黃帝求教廣成子的故事，可略知當時的席坐狀況。

且說黃帝回到都城，放棄天子的地位，跑到別處建造一座庵房，用白茅草席地而坐，放棄俗念，過著精進潔齋的生活，長遠三個月。有一天，他前往空同山去央求廣成子見面。廣成子正在南枕而臥，黃帝從下座膝行前進，恭敬地稽首問道：「我所說你體會了無為自然的大道理，請你指點好嗎？到底怎樣養身，才能獲得長生不老術呢？」

黃帝在特建的房間裡，坐在茅草編造的席位，過三個月的冥想生活。他又肯捨棄身份登門求教，從下座膝行前進、表現畢恭畢敬的樣子。

另外，在《莊子》內篇的大宗師篇上，有一段著名的坐忘問答。大意是孔子與門生顏回關於坐忘的談話。

所謂坐忘是，身體坐著，可以忘掉一切。然而人世間卻非如此，有人雖然身體坐著不動，內心瞬息也不停地考量如何追求名利？

顏回是孔子的大弟子，可惜早年夭折，孔夫子以儒家始祖的身份出場，表示道家思想的優越。

坐忘的情狀是，忘卻自己的肢體，也忘卻心念，身心無拘無束，跟萬物合而為一。這時也沒有好惡愛憎的妄執來亂心，完全過著自由無礙的生活。當然，這些坐法在中國傳統文化裡，並不是印度佛教帶來的結跏趺坐法，而是屬於生活習慣的坐法。

(2)、維摩居士的坐法

維摩居士是中印度毗舍城的長者，他雖身在俗塵，但是精通大乘教義，修為高遠。他是釋尊的崇拜者，長期以來就對佛教做各種供養，常常行善，聆聽佛的深奧義理。所以，他不但精通深不可測的大乘之道，也因懂佛的教理而開悟了。

《維摩經》從印度傳到中國不久，就被翻譯成中文版，也深受中國知識份子的喜愛，據說竹林七賢也愛扮演該部經的主人——維摩居士的作風。

《維摩經》弟子品有一段話：

舍利弗告佛言：「世尊，我不堪任詣彼問疾。所以者何，憶念我昔曾於林中，宴坐樹下。時維摩詰來謂我言：『唯，舍利弗，不必是坐，為宴坐也，夫宴坐者，不於三界現身意，是為宴坐。不起滅定而現諸威儀是為宴坐，不捨道法而現凡夫事為宴坐，心不住內，亦不在外，是為宴坐。於諸見不動，而修行三十七道品，是為宴坐。不斷煩惱而入涅槃是為宴坐。若能如是坐者，佛所印可。』時我、世尊，聞說是語，默然而止，不能加報。故我不任詣彼問疾。」

維摩居士為了講解大乘佛法，不惜暫時生病，釋尊有意先叫智慧第一的舍利弗去探病。

不料，舍利弗想起當年跟維摩居士有過一場會面，暗忖又要去見那種厲害的人物，自己恐怕不能勝任，才向釋尊婉拒。在答話裡，指出宴坐的修行法了。

因為舍利弗正在密林下坐禪，維摩問他到底知不知道坐禪的真正意義呢？只要坐下就算坐禪的話，那就不是坐禪了。坐禪不是顯現三界的體與心，而是在滅盡定，顯現各種威儀。

不放棄覺悟的教義，也能看見凡夫的事情，既不把心停留於內，也不停留在外，更不轉變各種見解，實踐三十七種修行法，不斷煩惱，進入涅槃，這才是佛所認同的宴坐，維摩居士竭力這樣解說。

宴坐就是安坐，因為晏即是燕，故也叫做燕坐。莊重而安樂的坐法，即是佛教結跏趺坐的坐法。

在《論語》述而篇上，有一句話：「子之燕居，申申如也，夭夭如也。」意指孔子從朝廷下來，在家裡舒暢的情狀，悠哉悠哉，生氣勃勃。

可見這種私生活，無疑是中國文人的理想風範。

《維摩經》的宴坐是，站在燕居，坐忘等延長線上來解釋。空為無，性善為佛性、五戒為五常，佛教的教說就是以這種方式，把中國既存的傳統思想做墊兒來解說和吸收的。這叫做格義佛教，形成中國佛教史的一齣。所謂格義，幾乎是觀照儒家與道家的傳統思想來理解佛教的意思。

(3)、道家的坐法

因為不站在真正佛教的立場來解釋佛教，結果，在格義佛教方面，自然不合適，也導致各種偏差與扭曲了。

宴坐與坐忘之間，也產生同樣的情況。宴坐是「不斷煩惱進涅槃」，這種論點跟忘我，忘記語言，或忘我的坐法，根本不相同。

雖然，大家都盼望減少慾念，避免情緒的激動，事實上，這種事在現實生活上歷經各種體驗，也能逐漸修養得到。佛教的宴坐並不脫離這個要點，無如，道家思想對於這項事實顯然缺乏深刻的注意。他們這樣懷疑：

> 言語空泛，那種境界難以捕捉，像那種心境跟日常生活怎樣溝通得來呢？當然，這是極端曖昧的。雖然說外物順應，事實上如何做得到這種程度呢？又怎樣得到這種生活呢？而且，在這種生活情況下，果然能保持純粹一致的心境嗎？與外物化成一體，忘了自我，然後又不為外物而忘卻自我的說法，理論上不失為有趣的理念，然而，這樣真能夠實現嗎？

道家的坐忘，性質上不妨這樣推測：

雖然提到虛靜無為的境界，但要怎樣才到達那個境界呢？其所以不考慮這方面的修養工夫與實踐方法，也許出自以下兩種原因，一種是迫切要指出那種境界到底怎樣？另一種是，那到底是不能實現的。

由其性質推斷，這種坐忘的內涵跟佛教的宴坐，是完全不同情況。

以下是日本的一位中國思想研究專家——津田左右吉的意見。

「道家這種虛靜無為的心境，並不是印度宗教思想裡，依靠一向發達的禪定那種特殊方法，體驗得來的特殊境界，（中間省略）當然，道家的坐忘基礎，也缺乏佛家所謂無我與人空的理念。」

依他看來，《莊子》一書強調的道家思想，只會形成現實上的處世方法。關於這一點，他發出警告說：

雖然再三指出虛靜無為的心境，其實，只不過教人怎樣順應環境生活下去，也就是教人怎樣為生存而生存。最後，只會依附權勢，苟且偷生，連阿諛取容之徒也學會道家的理論。

這樣一來，《老子》的後繼者解說柔弱為處世技術，不失為一種成功的方法，這樣等於看輕自己，一味隨俗從順，所以，這個理念無異拋棄自己的操守，放掉自己的識見。

由此看來，道家的「坐忘」哲學，根本建立在明哲保身的原則上，屬於

穿中國服飾的佛陀坐像

消極性的隱居思想。

以竹林七賢為代表的一群文化人，喜歡學佛，等於跟上述那種道家的隱居思想同化起來。以這種立場來理解佛教，多少繼續形成後來那種中國佛教的共同基礎。

但是，活躍於隋代的天台大師——智顗，卻斷然拒絕這種佛教的理解立場，而提出不同的意見。

智顗主張佛教是一定要以佛教的觀點來理解、學習和信受才行。所以，他嚴厲批判有人表示佛教跟儒、道兩教一樣的觀點。尤其，他特別強調有人把老莊思想，看成佛教，這種觀點無異跟捕捉小偷，放任大盜一樣的做法，兩者根本不一樣。佛教與儒家思想的差異比較明顯，但若不明確指出佛教與道教的差異，結果，一定無法掌握佛教的真諦。

顯然，由於智顗的指摘，透過老莊思想來理解佛教是一大錯誤。事實上，當年中國佛教正是用這種形式成立起來，這一點非弄清楚不可。

表面看來，佛道兩教在表現上有某種近似的特性，讓人看了不易產生誤解，這種例子存在於佛教的「空」，和道家的「虛無」思想之間，恐怕也是不爭的事實。

(4)、氣的哲學與坐法

如果站在中國思想的立場上看，由於本身遇到佛教，才從佛教學到若干具體的修行方法，那些方法以前是為了要實現某種含糊——與萬物合而為一——的道理，眼前，總算形成一套獨特的養生法了。

例如《莊子》外篇的刻意篇上記載五種人生態度。

第一是悲憤慷慨型。第二是民間教育家型。第三是官僚實務型。第四是現實逃避型。第五是神仙求道者型。這五種生活方式，全都站在有為的立場，跟《莊子》上所說無為自然的道理脫節。

尤其，在第五種神仙求道者型裡，可以分成幾類：

「吹呴呼吸，吐故納新，熊經鳥伸，為壽而已矣，此導引之士，養形之人，為彭祖壽考者之所好也。」

所謂吹呴，都是指吐息。吐故納新是指吐出舊的氣息，納入新的氣息。導引是指導入靈氣，反正都屬於神佛修行者所做的呼吸調整法。

所謂熊經鳥伸，熊是直立，而鳥是伸長脖子，這種情狀屬於某種強壯體操。壽考指長壽，意思是，長壽方法可以彭祖為代表，因為他是一位傳說中的長壽者。

這種服氣導引的方法，完全根據中國古代的氣功哲學，而數息觀是來自佛教的禪定法之一，彼此結合成一種新觀點，坐禪時，它才以調息法的方式被體系化起來。

在《曇鸞大師胎息法》等文獻上也有過說明，由於曇鸞大師集中國淨土教的大成，才能完成一套獨特的呼吸法。

在天台智顗的坐禪法裡，不妨介紹一下吐故納新的呼吸法。

後來，有人翻譯《禪治病法經》這部禪經，世人才更關心氣功哲學與醫學方法，從《摩訶止觀》的病患境界裡，不難發現這方面的記載。

由此可見，漢族人站在傳統的坐法基礎上，吸取佛教的坐禪方式，才進一步展開獨自一套坐法，與佛教思想。

㈢、坐法的體系

1、天台的智顗大師

不論如何，透過中國佛教史，對於打坐思想最有成就，也最有貢獻的人，首推天台的智顗大師。他一面繼承以往諸位大德研究出來的各種成果，一面歸納出一套坐法體系，稱為天台止觀。

他的最大業績，無疑是《摩訶止觀》了。之後，他又寫一本《釋禪波羅蜜次第法門》，最小冊的尚有《六妙門》。

這一系列屬於天台止觀的三部作品，叫做三種止觀。那就是《摩訶止觀》，叫做圓頓止觀，《次第禪門》叫做漸次止觀，《六妙門》叫做不定止觀，從三方面來解釋坐禪的情況。

另外，還有一本著述題名為《修習止觀坐禪法要》。根據近年來的研究，判斷這本書是抄略《次第禪門》的前面四卷，所以叫它《天台小止觀》，顯然為另一本書。

據說智顗有一位俗家哥哥叫做陳鍼，因為健康欠佳，來日無多，在死亡的威脅下惶恐極了，智顗很同情哥哥，就寫了這本心的處方給他。陳鍼接受出家弟弟的教誡，每天實踐坐禪法，才克服了死的恐懼，也終於延年益壽，得到善終了。

一位日本學者──松居桃樓，站在陳鍼的觀點，寫一本書叫做《戰勝死亡前三十天──天台小止觀故事》。

因為這本書很具體，又很仔細地教導坐禪時，應該注意若干點，所以，深受讀者的歡迎。《天台小止觀》對於後代的中國和日本佛教界的影響頗大，該書暢通也很廣。如果談到天台止觀，幾乎都是指《小止觀》這本書而言。

前面的著作不妨按照順序，整理出下面一套系統：《釋禪波羅蜜次第法門》→《天台小止觀》→《六妙門》《摩訶止觀》，這些足以代表天台智顗前期、中期和後期的作品。

智顗被尊稱為天台智者大師。同時也叫他振旦小釋迦，被後人看做一位出生中國的釋迦二世。自從日本的最澄在比叡山開宗立派以來，智顗的名聲又在日本佛教史上永垂不朽了。

在比叡山成立修持的霜月會，本是天台智者大師忌的法要。他的忌日在隋朝開皇十七年十一月廿四日（公元五九七年，日本推古五年）。

智顗在浙江省的名山——天台山過一輩子。因為他非常喜愛這座山，數十年住在這裡。他死後，隋煬帝依照智顗的遺言，選在天台山南麓建造一座國清寺，成為中國佛教的聖地。

今天，天台山的寺廟處在幽靜寂雅的群山環抱之間，隋代建造的名剎依然存在，還有數十名僧侶常住，過著與世無爭的修行生活。

智者的尊稱是隋煬帝賜予的。當隋煬帝在揚州做晉王時，曾經邀請天台山的智顗到幕下，也接受他的菩薩戒，那時的隋煬帝，接受的菩薩戒名叫做總持，而煬帝也封給智顗一個智者大師的名號。意思是天台山的智者大師。

智顗接受了陳和隋兩個朝代的皈依。但是，他認為這樣很不乾淨，就隱居到天台山更深邃幽靜的所在，打算過自己信仰的生活，也決心實踐釋尊的教義。

但是，中國歷史由於隋朝的統一大業完成以後，也一直發生很大的變化。時代潮流不允許智顗實踐自己的理想。智顗逐一克服各種危機狀況，才確立一套浩翰無垠的佛教禪宗體系。

日本的道元禪師在《寶慶記》裡，稱讚他為「古今冠絕」，也決不是誇張之言。

2、《天台小止觀》的坐法

今天不論任何宗派，一提到坐禪時，一定有所謂調身、調息、調心等感受，但最先很明快地提出這一系列坐禪法的人，正是天台的智顗大師。

我們不妨以《天台小止觀》為中心，乾脆介紹天台智顗大師的坐禪法。

(1)、七佛通誡

《小止觀》在卷首標示七佛的通誡偈：「諸惡莫作　眾善奉行　自淨其意　是諸佛教」。詩偈的大意是，別做壞事，多做好事，自己清淨意念，才是諸佛的教誡。過去出世的七位佛也包括釋尊在內，異口同聲說出這些教示，就稱為七佛通誡的偈語。

這首偈文的根本教誡是，連做歹事的念頭也沒有，修行到這種深刻程度才行。

若要實現這種涅槃境界，最好仰賴止與觀兩種方法。止觀兩法不外禪定與智慧兩法。止觀與定慧兩法彷彿車子的兩輪，或鳥的雙翼，我們一定要依靠它們實踐自利與利他的修行。

所以，止觀法是前往覺悟的大門，也是卓越的修行法，或聚集一切德行的根據，它可說是一種究極的意義。不過，我們應該注意，此法說來容易，實踐並不輕鬆。

(2)、坐禪的條件

坐禪時，有些日常生活的事情一定要注意，關於這一點，《小止觀》提出二十五項預備功夫處方。

其內容包含修行前的心理、生理、環境等的預備，修習止觀時必須注意的狀況及生活規律、心身調適方法、修行態度等方面。

首先，提到坐禪的條件（具緣）。其次，一定要儘量寡慾（呵慾）。第三，必須要除去若干坐禪的障礙（棄蓋）。第四，坐禪時必須要明白調節的五項要點（調和）。第五，其他坐禪中應該注意的事項（方便行）。

綜合以上五科，每科各有五項，故有二十五項注意事項。這就是對修禪很有幫助，著名的二十五方便法。

(3)、調整生活

坐禪的人，先得在生活上注意幾點——持戒清淨，衣食具足、閒居靜處，息諸緣務，近善知識等五種。

必須要恪守釋尊的教誡，生活要嚴謹，原因是，一旦生活混亂，什麼事也無從著手。倘若行誼有錯，一定要好好反省，確定糾正，才能踏出第一步。

其次，要準備適合打坐用的衣服。平常注意飲食生活。第三點是，找個安靜場所，才適合打坐。第四點是，把那些煩擾坐禪的人事，學問和技術方面的問題，統統甩在一邊。第五點是，有些人了解坐禪的意義，不妨多多接近。好像坐禪會的地方，最合適不過了。

小止觀的構成

小止觀

一、具緣
二、呵慾
三、棄蓋
四、調和
五、方便行
六、正修行
七、善根
八、魔事
九、治病
十、證果

摩訶止觀

前方便第六：
一、具五緣
二、呵五慾
三、棄五蓋
四、調五事
五、行五法

正修行第七：
一、觀陰入界（十乘觀法）
二、觀煩惱
三、觀病患
四、觀業相
五、觀魔事
六、觀禪定
七、觀諸見
八、觀上慢
九、觀二乘
十、觀菩薩

⑷、捨　慾

學佛者的修持，坐禪的人，必須排盡許多慾念，例如色慾、聲慾、香慾、味慾和觸慾等。

色慾纏身，會帶來內外的災禍，這種例子實在太多了。要深切明白色慾的罪過，不許恣情縱慾。

任由耳朵聽從愉快的聲慾，根本不能打坐。禪堂要聽不見雜音，如果置身在愜意的樂聲中，早已不是坐禪了。

香氣的慾望也不許存在。味覺與觸覺等慾求都統統不能有。別讓自己沉耽於嗜好中，否則彷彿火上加油，好像電光石火，它會影響坐禪的情境。

具緣與呵慾是坐禪的人，對外要注意的事項，而棄蓋是對內在心理活動所應注意的。

那就是丟棄貪慾、瞋恚、睡眠、掉悔、疑惑等五蓋。所謂「蓋」者，意指蒙蔽真實的東西。一旦感應上述五種慾心，那就再也鎮定不下來。只要放掉它，慢慢會消失。

瞋心會遮蓋心性，不停地破壞一切。它是喪失佛法的根本，只有消除瞋心才能安樂。要能自我反省、努力調整，要讓自己滿懷大悲與忍辱之心。

睡眠是讓感覺與知覺安眠了。知道生命無常，自我鞭策，實在忍不住要睡覺時，不妨用禪鎮或禪杖。禪杖叫做驚策，最澄禪師在《將來目錄》記述，曾把禪鎮帶來日本了，據說那是當年天台智顗大師使用過的。

掉悔之蓋會妨礙坐禪。掉是驕傲自滿，而悔是悶悶不樂，或沉悶想不開。如果時間上調節不當，跑進禪堂想要打坐，那會很苦痛。跟別人發生口角後，匆匆去打坐，無異坐在修羅場裏，一面在構想作品的內容，一面在坐禪，簡直要不得。像這樣輕率的舉動，趕快停止才對。反之，悶悶不樂也要不得。在坐禪中，一直回憶往事，想東想西，也是極大的犯規。把坐禪看成懺悔的行誼，定下心來，切斷昔日的所有記憶才好。

疑心暗鬼也是坐禪的大敵。其他要做的事情一大堆，自己應該來打坐嗎？這樣等於疑心自己。眼看這位禪師一臉窮酸相，打坐的功力似乎不怎麼高明吧？無異不信任指導禪師。如果一味埋首佛教工作，豈非跟世間的榮華富貴和愉快享受絕緣？對佛教抱持懷疑。

疑心會成為暗鬼，它會把心地明快的打坐，立刻引入地獄裡。因此，心裡起了疑念時，會引發各種後遺症，故要趕快拋棄才行。

(5)、調整身體、氣息和心情

坐禪時應該注意五件事情——飲食節量、小心睡眠、調整姿勢、調節呼吸、調節心情等。倘若飲食過量，難免肚子膨脹，氣力衰退。吃喝太少，身體疲勞，內心會倦怠。因此，無益身體的食物，不吃為妙。飲食要保持平衡，大約七分飽就行了。相當於具緣的衣食要足夠或具足，可見在坐禪時也不能忽視飲食生活，勿寧說相當重視。

調整睡眠，無異再三強調要拋棄睡眠之蓋。可見睡眠的事先準備。等於坐禪的重要契機。據說睡眠為無明之惑，會蓋覆心境。無異放任自己的無知，因此，我們要覺悟無常的理念，調節睡眠時間，心平氣和、神情閒逸、理念明淨。智顗大師教誡哥哥說，一天到晚睡覺，會虛渡一生，實在有真理存焉。

其次，要調整坐禪的姿勢。

①要到繩床的地方，調整安坐的位置。

②要爬到床上盤足坐下。呈半跏坐時，把左腳放在右腳上靠攏身體，把左腳趾尖和右腿，跟右腳尖和左腿重疊。如果採取全跏坐姿，再把右腳放在

「龍　蟠」

左腳上面。

③把衣服、皮帶或腰巾儘量放鬆弛，但不必脫下來。

④左掌放在右掌上，雙手置於腳上，靠攏身體，把心情放輕鬆。

⑤要端正身體，先把身體和關節像桿楨一樣，轉動七、八次，彷彿自我按摩的方法，將手腳調整得好像能進入坐禪一樣。背骨伸得筆直，不要有彎曲的樣子。挺起頭部與脖子，好像能跟鼻孔與肚臍形成一直線，不要偏斜，昂首或低下，顏面朝正。

⑥從口裡吐出濁氣。開口靜靜地吐息，千萬不能粗暴急速。連全身脈搏不通的氣，也想像跟放氣一樣出來。接著，閉口從鼻孔吸入新鮮空氣。反覆三次左右。當然，如果身體與呼吸協調，一次也不妨。

⑦之後，閉上嘴巴，唇與牙齒互相支撐，把舌頭朝上齶抵觸。

⑧然後閉上眼睛，稍微遮斷些外界的光明，不能完全閉上看不見。

這樣一來，身體和坐姿都很端正了，坐著彷彿一塊基石，身體、頭部和四肢也都不會搖動了。

總之，既不太緊張或拘謹，也不鬆懈或疲倦。

雖然解說很繁瑣，不過，都是天台止觀的坐法。

3、坐　姿

(1)、道具用來調整坐姿

繩床是坐禪用的椅子。在椅子的木桁上，用繩子編造成一套床鋪，也正是日本式草蓆，禪宗把它叫做單。

單上放置坐墊。那是特製的圓形坐墊，直徑大約三十五公分。雖然，天台止觀上沒有寫明坐墊，但也推測得到那是類似坐墊。這種坐墊是道元禪師傳入的。

在中國，最初期的經典之一——安世高譯《大比丘三千威儀》記述，打算坐禪時，不妨注意下列五件事，就是選擇時間、安置床位、採用軟墊、找尋寂靜場所、得到善知識。換句話說，要放繩床，採用毛的坐具。只說有毛坐，具體物件並不清楚。事實上，大概是調整坐姿的道具。

因為智顗引用《三千威儀》，照理說會知道其中的要旨，我們想像得到他曾經用過這種坐墊。

《禪秘要法經》指出，沙門應該修行的坐法是；在寂靜所在放個尼師壇（坐具），結跏趺坐，調整衣服、身體坐正，偏袒右肩，披上袈裟，左手放置右手上，閉起眼睛，舌頭抵住上齶，攝定心神，不要讓心志散亂。

尼師壇是梵語音譯，亦作尼師但那，跟軟坐同類的東西。根據記載，要披袈裟，法界定印，閉眼坐好。

道元禪師在《普勸坐禪儀》上教示：「鋪著很厚的坐物，上面放棉坐墊」。所謂軟坐或毛坐的坐墊，大概就是指這種坐物了。今天，日本家庭用的棉坐墊放大，就是類似的坐物。換句話說，鋪上棉坐墊，上面用圓形的墊子。

道元禪師的弟子——瑩山紹勤，在《坐禪用心記》上甚至連坐墊的尺寸也規定明白：「切勿省略坐墊，直徑一尺二寸，周圍三尺六寸。」關於圓形坐墊的用法，並非完全鋪在屁股下，而是從屁股下向後露出一半，墊在尾骨下面坐著。

直到今天為止，道元和瑩山門下的禪宗系統，仍舊沿用這種坐法。

⑵、坐禪的時間、地點

雖然，坐禪時間指定四個時辰，沒有超過的記錄，無如，智顗似乎規定：「坐禪四時，禮佛六時。」好像沿襲《三千威儀》的說明。

四時坐禪表示後世一般寺廟的清規，定在黃昏（下午八時）、後夜（凌晨二時）、早晨（上午十時）、晡時（下午四時）等四時。目前，禪宗通常以曉天夜坐並稱，而早晨與夜晚二時的坐禪成了日課。

關於怎樣選擇適宜坐禪的寂靜地點？根據《三千威儀》記載，刻意這樣規定：「所謂寂靜地點，意指山裡、樹上，在寺廟不跟人一塊兒。」

在山裡樹上打坐，難道適合冥想嗎？依據天台止觀上說，一行三昧的說明認為一個人坐禪最好不過了。

但依天台智顗的原始天台教團，原則上規定山上的大眾要聚集在禪堂，一塊兒打坐。這是天台智顗晚年制訂法規時擬定的。

後代的禪宗也採用這種坐禪法，尤其，道元禪師設置長連床，勸大家聚集在一個堂裡坐禪。

如果追溯以往，釋尊成道的打坐，顯然在樹下獨坐，初轉法輪時才面對面坐，或共坐，以後夏安居期間，僧眾在同居的精舍房間或廣場等處坐禪，打坐成了平日的修行法，終於進展到大眾一如的坐禪了。

當年釋尊坐在一大群僧眾中，進入禪定，再從禪定裡出來說法，這種形式恐怕就如同上述的情景，大眾聚集一堂，坐禪或聞法。

關於這一點，佛陀波利在《修禪要訣》裡指出：

一位中國和尚——明恂問道：「坐禪不在佛堂裡可以嗎？」

佛陀波利回答：「坐禪在靜室、樹下、墳塚間、露天坐等都很適合。坐在佛堂裡不好。」

問：「許多人住在同一個地方好嗎？」

答：「當然可以，在這種情狀下，各人要轉身坐好，不要面對面坐。人少的時候還好，人多的時候，夜晚不妨點燈照亮著周圍。」

佛殿裡恭奉佛像，這種場所另當別論，若在專用的禪房裡，很可能有滿山的僧眾聚集一起，彼此背向坐禪，這種情景也極為壯觀。

達摩像也在面壁，轉過身來坐禪。我們不難想像面壁打坐的情狀。

我們也可在《修禪要訣》裡，發現下面一段記述：

「禪堂的四面牆壁上，都畫有高僧打坐的形像。像下供奉花香。在高僧像的旁邊，也描畫高頭大馬，尺寸較小的凡僧像。在這種禪堂裡，也能預防邪魔來打擾人坐禪。」

這段記載指示，在坐禪時，為了防止身心發生各種障礙，想盡辦法來莊嚴禪堂，以便大眾坐禪。其中，最有趣的，莫過於牆壁上畫有結跏趺坐，正在禪定的高僧和大德的形像。前面擺著花香，令人讚嘆。

後代的禪宗，確認這位高僧畫像，非文殊菩薩莫屬，通常文殊菩薩都會在獅子背上坐禪，所以，禪宗也習慣祭奉文殊菩薩，以這位尊者為中心，特地在禪堂內作法。這可以說是文殊的原貌。

⑶、手腳的擺放

關於手與腳的擺放姿態，始自天台止觀。日本的道元禪師也繼承這種擺法。

七世紀末，從印度傳入中國的論點，包括佛陀波利、善無畏，都跟天台止觀的論點左右相反。半跏坐是以右邊壓在左邊上，指出右手放在左手上。這是正確方法。

若要塑造坐禪姿態的佛像或菩薩像時，那一腳應該朝上恐怕也是大問題。因為我們在實際打坐時，時間太長會使腳麻痺，故宜調換位置才行。勿寧說，忍耐痛苦來坐禪不理想。

由此可見，雙腳的組合通常都能解決。

但是，手的組合與放法跟腳不一樣，怎樣組合堪稱決定性。智顗指出把左手放在右手上，但印度僧人都一致表示，要把右手放在左手上。

不消說，智顗不是亂講的。他根據羅什鳩摩譯的《禪秘要法經》，竺難提譯的《請觀音經》上面所說「把左手放在右手上」，「把左手按在右手上」，才說出左手應該放在右手上。所以，他透過中國傳統思想，才說明以陰靜的左邊，來鎮壓陽動的右邊。

那麼，為什麼一定要用結跏趺坐法呢？日本的湛然大師有一套理由。他說：「這種坐法最安穩。因為能夠手腳歸位，才不會散亂心神。這樣會讓魔王害怕。據說除了有道行的人，當然不在話下，連有慚愧心想要悔改的人，只要採用這種坐法，端莊穩重，看來彷彿一隻龍在盤坐，魔王光是目睹結跏趺坐的畫像，就會吃驚害怕了。」這是《大智度論》的記載。

因此，結跏趺坐跟一般坐姿不一樣，而且，也跟外道的各種修行方法大異其趣。在中國的辭典上，把跏趺只解說為大坐而已。在中國，關於這種坐法到底呈什麼形狀呢？似乎沒有詳解。其實，這才是真正的佛教坐法。因為兩趺互相結交似地加起來，才叫做「結加」。

手的組合方式叫做法界定印，《小止觀》只有極簡潔地記載「當心而安」。坐禪期間，把心貼放在法界定印上面嗎？

關於這一點，道元禪師想起自己從如淨口中得到的教誡是：「好像把心放在掌中就行了。」

從口裡吐出濁處，從鼻孔接受清新空氣。這是最先的呼吸法，也是中國煉仙者研究出來的長生方法，叫做吐故納新的導引法。《小止觀》詳述這種調息法，也看成治病法之一，屬於一套獨特的呼吸法。

另外有一種自我按摩法，即是靠自己壓著穴道的按摩法。智顗在《禪門口訣》上教示，腹部要伸張時，用手掌輕輕地在肚皮上按摩幾次。

禪宗第四祖——道信禪師，年輕時向智顗學禪，但他卻指示坐禪時，不妨用自我按摩法，反覆按摩七、八次，好像出盡腹中的嗌氣一般（《楞伽師資記》道信章）。

⑷、閉起眼睛打坐

目前，在中國實行的《靜坐入門》裡，也記載打坐要閉上眼睛，殊不知道元禪師卻指示，坐禪時一定要像平常一樣睜開雙眼，好像將視線落在前方。道元禪師的師父——如淨教示，已經習慣長期間坐禪的人，閉起眼睛也不妨，不習慣時也可以打開眼睛。

他的指示，顯然認同天台止觀那種傳統習慣。

然而，《小止觀》是智顗教示俗家兄長的一本坐禪導論。倘若事實如此，那麼，智顗開始坐禪時，好像教人要閉起眼睛坐禪，跟如淨禪師的教導不同了。

依我看，道元禪師教人要睜開眼睛坐禪，頗有道理，但智顗的指示也是傳統式的論點。諸多禪經都好像教人要閉起眼睛。

在聚精會神，準備冥想時，閉起眼睛比較適當。每當我們站在神前，或向佛菩薩祈求某些事情時，無意識中也會閉上眼睛。當我們想像眼前所沒有的事物時，還是閉上眼睛才對。

依我看，如果進行不淨觀等觀想，心版上浮起人的肉體死後，逐漸成為白骨一堆的過程時，似乎一定得閉上眼睛坐著才好。

根據我的推測，智顗指示人坐禪要閉上眼睛，很可能沿襲印度禪定思想的傳統。

《摩訶止觀》，省略了有關坐法的具體敘述，無如，關於眼睛的處置問題，卻有一段微妙的說明：「逐漸將頭部伸得筆直，漸漸閉上眼睛。但也不是使勁兒地閉上眼瞼，而是一直讓它保持籠籠狀（病患境）」。但是，《禪門口訣》的記述跟《小止觀》一樣，都指出坐禪出定之際，要「逐漸張開眼睛」，所以，天台止觀所謂「閉目」，好似原則問題。後代描畫許多天台宗的祖師像，全都是閉目坐禪的姿勢，無疑是沿襲上述的傳統。

(5)、張開眼睛坐禪

《無畏三藏禪要》指示：「頭要筆直，眼睛不要過份睜開，自然張開可也。但不許閉眼，因為眼睛睜得太大，會散亂心神，閉著會昏昏沉沉。」《修禪要訣》也指出有限度睜開眼睛就好了。

日本的法藏禪師接受這個要訣，才在《起信論義記》上規定：「雖然要閉眼，但也不能全閉。」之後，宗密禪師繼續在《圓覺經道場修證義》裡註解：「天台宗說要遮斷些外界的光線，並不意味要完全閉上眼睛。」接著，子璿又在《起信論疏筆削記》上說：「不要完全閉上眼睛，原因是，雙眼完全開著，心意會散亂，如果完全閉著，又會覺得昏沉。只要稍微遮斷些外界的光線就行了。」他透過坐禪的實修經驗，才逐漸把重點放在開眼的方向。

道元禪師在《普勸坐禪儀》，和《正法眼藏坐禪儀》上表示：「眼睛應該常常開著」。同時，他也在《辯道法》上說：「切忌閉眼，如果眼閉，會覺得昏沉，只要頻頻睜開眼睛，讓微風吹入眼裡，就很容易清醒疲困。」「眼睛應該正常地睜開。切勿不張不閉，以瞼覆蓋瞳孔。」

例如，禪宗的宗賾在《坐禪儀》上指示：「眼睛一定要稍微張開」，由此看來，他傾向「稍微」的程度，也是正常的張開。這項見解無疑符合道元禪師的觀點。這樣才不會被睡魔擊敗。

然而，道元的師父——如淨禪師卻允許閉眼坐禪。他曾在《寶慶記》上說明：「多年來，習慣坐禪而不會打瞌睡的人，閉起眼睛坐禪也不妨。但是，初學打坐而且不熟練的人，還是張開眼睛坐禪才好。」

如淨禪師認同天台止觀那種閉目坐禪法，而道元禪師卻勸人張開眼睛打坐。

但在《小止觀》裡，依我看來，因為天台止觀的基本架構，在於觀照不可思議的境界，而非止於不淨觀，所以，與其閉著眼睛，還不如開眼比較適當。難道日本的道元禪師有見於此嗎？

關於調身的說明，大致上如此，接著說明下一步驟。

(6)、調息和調心

懂得坐禪的姿勢之後，就要注意調息了。把呼吸放慢，也就是調息，這不是指一大口氣一大口氣的呼吸。氣息一定要調節，不要等閒視之。

息有四種表態——風、喘、氣和息。

風就是從鼻孔出入，會出聲那種呼吸。

喘是不出聲音，有氣味而不太通暢的呼吸。

氣是指無聲音，好像不堵塞，也不細微，不合適的呼吸。

息是沒有風、喘與氣那種情狀，不覺得有沒有息的出入，而遍及全身上下，很輕易的呼吸。

前面三種是不調和的呼吸。一定要把呼吸調節為息的狀態才對。調節方法是，把心連接下方，身體要放輕鬆，氣要普及毛孔，觀想氣會從那裡出入。片刻後，才會調節成微息，連羽毛的毛尖也搖不動了。

其次談到調心，我們將在下面的修行裡詳加敘述。在此，只說開始坐禪時、坐禪中、坐禪結束時等三種場面，讓諸位研究和參考。

開始坐禪時，要調伏胡思亂想，不要有輕浮隨便的樣子。調整一下沉、浮、寬和急躁的心神。

在坐禪進行中，要適當地檢驗一下身體，氣息和心神有沒有調整好？坐禪終止時，恰跟開始坐禪時相反。心裡要明白記得坐禪結束了，張開口放出氣，觀想成百脈的氣都很舒暢的情形，之後，才靜靜地活動身體，同時動一動肩胛、手、頭和脖子等部位。接著，雙腳要柔軟地活動，用手撫摸皮膚之後，手掌要搓揉和暖和一會兒，蒙上眼睛，然後張開眼睛。待身體的熱氣稍微平靜時，才隨意停止打坐。

倘若不按照這些順序，心神尚在禪定狀態，突然結束坐禪站起來時，就會有頭痛，骨節僵硬，好像中風一樣，打消了以後坐禪的動機，所以，結束打坐時千萬要注意以上的秘訣。

例如，參禪會或禪堂裡，有時要人配合鐘聲，或動作，結果在不知不覺裡漫不經心，到了最後常常會疏忽應該注意的要點。要在優閒的時間裡，很輕鬆地結束打坐才好。

道元禪師曾經說：「從坐中起立時，不妨慢慢活動身體，安詳地起來，切勿突然站起。」旨趣完全一樣。

我們所以要讓身、息、心三者調和成一系列，原因是，生命從娘胎受孕開始，經過出生、幼年、壯年、老年到死為止，人都不離以上三件事。所以，我們很重視三者的調和與圓滿，這在《摩訶止觀》說得很明白。

日本的湛然大師又進一步解釋，他在《輔行》一書裡說，那三件事不論凡聖都很適合，只要能夠圓滿協調三者，也就可以成就聖人了。

安世高翻譯的《安般守意經》指出，安是指身，般是指息，而守意表示道也。另外在竺法護的譯作《法觀經》上也說，如同止痛癢的身定，止聲音的口定，和止憶念的意定一般，它表示身、口、意三定也。

在教理上說，身、息和心係根據身、口、意而來的，到了後代才以密教修行法的方式，發展為身、口、意的三密加持。但在密教方面，身要結印契，口要誦真言，意要念兩部曼荼羅，所以，密教跟天台止觀，禪宗的坐禪行法完全不同，不能混紊。

若要讓這種坐禪持續下去，就必須要檢驗下列五法。內容是，樂意想坐禪，平時要精進修行，常要想起開始一念，專心修持，深切檢點修行的得失與輕重，以確定自行進展的途徑，貫徹自己的決定，坐著不動。

4、天台止觀的修行法

以上指出以坐禪為中心，來修持止觀的二十五項心得，根據這些注意要項，才漸漸深入天台止觀的正確修行法。

若要修行止觀，大體上分成兩種方法，一種是坐中法，另一種是歷經其他因緣，對境界所行的方法。

(1)、坐的止觀

根據記載，要特別選擇以坐來修行止觀，理由是行住坐臥等四項威儀裡，坐才是最殊勝。

關於坐的修行止觀，計有五種之多，那就是為了對付初心的散亂，對付心的浮沉，方便修持，對付定中的細心，以及為了定慧均齊等而修的止觀。

(2)、處理散亂心

關於對付初心的散亂這類止觀，就是在關始坐禪時，會出現不適合打坐的散亂心，就要用止（定）與觀（慧）兩方面來檢討了。

止的方法是，把心繫在鼻端、臍下丹田和腳掌上，好像不讓它散失，隨著心的浮起而制止，不讓它散亂；心要浮起時，不妨觀照或注視無自性空的道理，別讓這顆心俘擄住，這一點非常重要。

把念連繫鼻端等處，這是傳統的觀想法。例如在《坐禪三昧經》、《禪法要解》等諸部禪經裡，叫做繫意五處，它指頂上、額上、眉間、鼻端和心處等五個地方。

智顗在《次第禪門》裡指示，修止的方法有繫緣止、制心止和體真止三項，跟《小止觀》的正修行說一樣，在繫緣止方面，詳細說明有關繫緣五處的內容。其間，他指出頂上、髮際、鼻柱、臍間、地輪等五處。有人表示這五個位置是外國僧人金齒三藏的論點，因為他稱這個為五門禪。

雖然，身體的其他部位也好像沒有差別，那麼，為什麼偏偏要指定這五個部位呢？據說由於這些部位用心比較方便。其他位置就不盡然了。例如，脇肋等處比較偏向，作用不佳、不宜採用。

頭圓是修天、腳要踏地、臍為氣海、鼻向風門、髮際可以修骨，因為要觀照這五個部位，故稱這些位置為觀門，才形成五門禪。

心所以要連繫頂上，原因是，當心神昏沉想要瞌睡時，不妨把心朝上接觸。但若太長時間繼續這樣，人會好像被風浮動似地，搖幌不定、恰似得了風病一樣苦惱。或者彷彿得到神通，在空中飛翔一般，因為有這些缺點，才不能用。

若把心繫結在髮際時，因為那個部位屬於黑髮與血肉的分際，故很容易停止心的接連。有時也會引起骨想觀（九想之一）。但是，這也不能一直持續下去。原因是，喜歡眼睛往上瞧，好像看見紅、黃等形形色色，也像看到花朵或雲彩之類的東西，難免會使人的心境顛倒混亂。

若將心連接鼻柱時，因為鼻孔屬於風門，知道出息與入息都不能在每一剎那裡停留，才容易領悟無常的道理。而且，修行安那與般那的息，很容易引發數息觀、隨息觀等禪定。

若把心連繫臍下，因為臍屬於氣海，似乎也叫做中宮，故能除掉許多病。有時好像通覽內臟的三十六物，引發十八特勝等禪定（也叫做十八不共法。只有佛才具有十八種的卓越特質）。

把心連繫腳掌時，因為它位於最下端，氣才會隨心而下，讓四大得以調和。若協助以往修習的禪，而修持不淨觀的話，那麼，常常會從地面逐漸觀想，仰賴這套繫心法，才能引起根本的不淨觀。

智顗的五處說，省略眉間，而加上地輪（腳掌）。眉間是跟鼻柱相連，讓智顗的說法應用更廣泛、也更現實。依據推測，很可能是靠自己的實修經驗，而印證出來的理論。

《摩訶止觀》也記載：「常常把心止於腳部，原因是，這樣足以醫治所有的病。其所以如此，因為五識在頭上，而心通常也緣由於上。」顯然指出浮相的治療方法。這樣也印證他們採用五處說——包括腳部在內。

有一點必須注意，其所以要數鼻端與鼻柱，旨在了解鼻的出入。懂得生命的無常，才把那裡看成重要的部位。

我們不妨順便參考一下道元的師父——如淨大師，他也提倡心要放在法界定印的手掌中（《寶慶記》）。

(3)、應行的措施

不論繫緣法規定得多麼仔細，到底也不離方便行的範圍。在《修禪要訣》裡，關於怎樣緣及鼻端的方法，也有詳細說明，歸根究底指出這是一種方便說。

這種狀況在天台止觀上也一樣。在《摩訶止觀》的一行三昧裡，有一段敘述：「意的止觀是，端坐正念，除去惡覺，捨棄諸般亂想，不做雜亂無章的思惟、不受制相貌，上有專心把緣繫於法界，將會跟法界打成一片。」

在《禪門口訣》裡也有一段：「只將心連繫起來放在真實的境界。若跟其他境界不能結緣的話，病況大概會復原吧！」接著，該書又說：

實心繫實境　把真實的心拴在真實的境界上，
實緣次第生　逐漸產生真實的緣，
實實迭相注　若心與境能夠真正相互溝通，
自然入實理　大概能夠自然地進入真實的理念裡。

以上任何一項都是天台止觀的最終目標，它可以說存在這種諸法實相觀裡。

後來，《小止觀》也引用《中本起經》的若干偈文，例如：

一切諸法中　各種事物的存在，
因緣空無主　都是因緣和空，而沒有自性。
息心達本源　心的止息通達它的本源，

故號為沙門　所以才叫做沙門。

在釋尊的傳記裡，上列的詩偈也頗為有名。釋尊初轉法輪時，五位比丘裡有一位「阿說示」，他明白了緣起法。

有一天，阿說示在王舍城漫步時，外道刪闍耶的弟子—舍利弗，剛好碰到阿說示。只見阿說示心平氣和、舉止優雅，令他十分心儀。他心想，這不是自己正要找尋的人物嗎？於是，他向前招呼阿說示。對方也被舍利弗熱心求法的態度感動了。只好答說：「我怎能指導你呢？我的老師釋尊平時就這樣教導我們。」阿說示說的話正是這首偈文。不料，舍利弗聽完這段教理以後，立刻放棄以前的老師刪闍耶，而改投釋尊的門下，成為智慧第一的佛陀弟子。從此以後，佛教的教團才飛躍似地擴大起來。

天台止觀的基本點，常常依據釋尊的坐禪經驗。

明白緣起觀，觀照無自性，空的真相，不要受制於自己內心的有象無象。只要不會任由自己的心擺佈，那麼，妄念之心自然會消失。

(4)、《小止觀》的不同本

後面的文章是在中國很暢通的書，它不同於日本流行的古抄本。兩書差異頗大，並不一致。

相比之下，日本版在調和那段，最先要發大誓願，好像要讓人明白《十地經》三界唯心的理念，這段文章很長，其間有三世心不可得的句子，把它移在下一種觀的修行段位，之後加上長篇的修觀方法。日本版裡沒有《起信論》修行信心分的唯心無境這段引用文句。

怎樣評價《起信論》的教說呢？這項問題等於天台學長久以來的懸案。言外之意，也是兩種版本裡存在的差異，真是有趣極了。

關於教說的內容，日本版本交待很仔細、很親切，進一步跟《摩訶止觀》那種觀不可思議的論點相通。若要找尋天台止觀融通無礙的表現，不妨閱讀日本版恰當些。

話雖如此，因為中國版本有相當的整合性，若要掌握天台止觀的骨幹，恐怕中國版本的體裁比較好些。

(5)、正確的觀察法

要修持觀的時候，有兩種觀法——對付觀與正觀。通常有五停心觀，就是用不淨觀來對付貪慾。用慈心觀對付瞋恚，用分別界觀來對付我執；用數息觀來對付散亂心。

正觀就是天台止觀所說的要點。那是觀照諸法實相的智慧。

縱使用上述的體真止，也無法制止忘念時，不妨觀照心起的時間。例如，心在過去、未來或現在的那個時候呢？只要肯諦觀（明確地觀照），始知這些心那裡也找不到。所以，才說三世之心不可得也。

如果現在有心，請問它是自己突然暴出來呢？還是從他物生下來的呢？或者由自他聯合生下來呢？難道是沒有因，莫名其妙生下來呢？不論從有因或無因觀察，心都是不可得的。

由此可見，不論從時間或空間上觀察或辨別，都掏不出那顆心，既然這樣，那麼，所謂用這顆心看到的東西，或者說原來這就是心，這種現象都是無的放矢。由此看來，我們明白心的根據是沒有的，那麼，以這顆心憶念這個那個的情況也不存在。既無憶念活動，自然可以了斷顛倒妄想了。這樣一來，覺觀攀緣之心也會停止。

坐禪時，各種妄想與妄念，層出不窮，到底如何處理才好呢？《小止觀》主要在敘述這個問題。

《摩訶止觀》的正修行，尤其在觀不思議境方面，都是從正面表示所謂諸法實相到底怎麼回事呢？這就是從《小止觀》到《摩訶止觀》在討論上的最大差別了。

(6)、一念三千

《摩訶止觀》的正觀是：「心在觀照不可思議的境界。」不論什麼心都無妨，縱使看見各種實際情狀活動的心，它也含有各種意義，而摩訶止觀在探討它的意義。

這時候，所謂心者，既不是心理，也不是心境或心情。它就是無法分節化，而情願把整個生命投出去的一句話。在任何小生命裡，都含有豐富的意義。這叫做「一念三千」。也是非常有名的話，指日常生活中在一念之間，也具有三千諸法的豐富意義。

首先指一念的心裡，有十法界。所謂十法界，乃是由地獄界、餓鬼界、畜生界、修羅界、人間界、天上界、聲聞界、緣覺界、菩薩界和佛界組成的。它是把凡夫的六個世界，跟聖者的四個世界結合起來。這些可從《華嚴經》裡看出來。意指這十種世界都全部存在剎那的人類生命裡。

一念三千是天台宗的主要教義之一。是說在一念裡具備著三千的諸法，表明一切眾生成佛的佛法最高法門。

(7)、十界互具

不僅這樣，十界就是各個都具有十界。換句話說，地獄界也都具有佛界，而佛界也都具有地獄界。如依據這種想法，那麼，就不會有地獄界被佛界排除，也沒有跟地獄界隔絕的佛界等界存在了。雖然，十界好像文字上有所不同，殊不知十界不是單獨的，而是彼此關係非常密切，也都互相接合。這不是因為「佛界進去容易，而魔界不易進去。」倘若這樣，那麼應該可以說佛界和魔界也都容易進去，也都不易進去才對。

智顗說，因為佛是斷滅地獄苦惱的人，才不尊貴，因為不能把地獄苦惱全部拋棄，才很尊貴。這種想法叫做天台的性惡思想。這種想法不知在那兒，曾經跟日本親鸞上人所謂惡人正機的信念結合起來。

當然，若要這樣說，就一定得認同一項前提——把惡看成惡。地獄的苦惱是不能仰賴任何東西來治癒的，乃是刻骨銘心的苦惱，因此，佛才要拯救世人的苦惱，不救是放心不下的。

在一念之心裡具有十法界，那就是自己的五陰世間、大家的眾生世間、社會的國土世間。自己那顆心的世界，不單是個人的問題，也可以說是社會的問題。原因是，社會的問題會成為心的問題。這個論調出自《大智度論》。所以，十法界在三十種世間展開了。如果乘上十界互具的百法界，就等於三百法界了。

三百個世界是指各個世界呈現於外的相狀（如是相），包容於內的性質（如是性），包括相狀與性質的形質（如是體），那些事物所具有的潛在性力量（如是力），它們發動後造成的活動（如是作），引發結果的原因（如是因），遠從它的條件（如是緣），得到的結果（如是果），跟原因相應的報償（如是報），開始（相）起，直到終結（報）為止，一切世界也都一一齊備（本末究竟等）。這項十如是的理論出自《方便品》上面。

三百乘於以上十種狀況時，總數可以達到三千。不消說，三千終究是象徵性的表現，真意是指一心為一切法，而一切法即一心，並非其他意見。

在極微小的生命裡，其中的儲存量非常豐富，不論怎樣採掘也採不完。

(8)、空、假、中

依照這種說法，難道覺悟或迷妄也盤據在這個心裡，所以，這顆心既成覺悟，也是迷妄了。或者說這顆心本來清淨，也是永恆不變的東西，但在心的深層有一個種子似的根據，會現出迷妄的世界，世人習慣這樣暗忖。

在智顗的時代，關於心的問題，就已經有一套代表性想法了。這套想法是，若當做一種說明方法，還不難理解，縱使承認相應的有效性，只要留在這種解釋裡，實際上，就不算是佛教了，智顗斷然如此表示。

如果這樣說，那麼，心無疑跟諸緣共起，無明的迷妄，應該會以所有法性的真狀呈現出來。這種心態會超過量的多少，一心是一切法，而一切法以一心方式現身。才真正叫做不可思議的妙境。

那麼，這些不可思議、微妙一念的心態，表示空、假、中等三諦，和三觀的基本意義與結構。

智顗從《中論》的偈文裡，想出這套空、假、中的三極結構。「小止觀」的最後證果那一段引用出來。

因緣所生法　凡靠因緣產生的事物，
我說即是空　把它叫做空，
亦名為假名　也叫做假名，
即是中道義　這是中道的意思。

世上沒有一件事物不是靠因緣所生的。萬物皆由因緣所生，由因緣而滅。這不就是釋尊發現的緣起法嗎？

凡因緣而生的東西，就用空來表示，意指任何事物的本身，都不是固有的實體。諸法皆空，空是針對緣起那種分析性說明法，而另外用一種直觀性的直敘法。

以緣起或空這種理念方式，將一切事物以假名形式來表示。例如，桌子、花、鳥、月亮或自我，不論什麼存在，各個事物與各種世界都呈現出來。

這樣看來，萬物的世界及其成立的緣起，和空的理法，並非別的東西。各種事象可以說是緣起和空的理法本身。所謂桌子的存在，說起來不外是緣起，和空這個理法的顯現。縱使事象與理法形成表裡，但也不能說誰是誰的根據。只能說事物的存在，就是這樣的情狀。這叫做中道，事物的本來面目，或真情實狀。

《中論》那段偈文不妨解釋成這個意思，智顗提倡因緣所生的「心」，即是空、即是假、也是中，那麼，心的真情實狀（三諦）要如實觀察。

由此可見，靠三諦三觀來諦觀我那一念的心時，那個心會超過默和說，而成為不可得、與不可說的東西，照理說它既不可能被儲存於內，也非從外面進入的東西，縱使前後都存在，照理說無所謂多少，如同想像的情形，而不會意料以外，心應該能夠調節才對。

《天台小止觀》的正修行指出足以對付心的散亂那種止觀法，最後在

《摩訶止觀》的正修行裡提到，它可以說是抵達三諦圓融、一心三觀的諸法實相觀。

但在《小止觀》上說，若要醫治心的散亂，不妨按照這樣做法，始終從止與觀兩方面，來說明實際方法。他為了要讓自己的哥哥能夠了解止觀要訣，又能順利實踐，才特別敘述上面的見解。

(9)、怎樣處置浮沉等心態呢？

《小止觀》提示止觀修習法，旨在對付心的浮與沉等毛病。因為這個和上述的調心方法重複，故不必多說。它只說心在下沉時要用觀，而心好像在浮起時要用止。

接著，指示某些方便修習的止觀。因為坐禪時，絕對沒有像說得出來那樣怦然心動的情況，所以，只要採用止與觀都適當有效的那一種就行了。當然，其間也列出各個項目，事實上，那只是寫文章而已。

其次，所說的止觀，目的在對付坐禪時某種細膩活動的心情。這種止觀法是對付上述的散亂心後，為了要進一步調整那個細微的心，引發出來的歪曲心態。

內心安定時，會生出一種說不出的爽快感。而且會現出某種類似覺悟的體驗，或對平時根本不注意的事情，也會注意起來。譬如，非常奇特的現象會出現的樣子，最後也能分辨那不是真實，而不會貪戀下去。這就是止法也。

話雖如此，若仍然有愛著依戀的情形。那麼，他也能辨別這是禪定中常會出現似是而非的現象，所以，必須要逐一摧毀禪定中出現的諸見，這就是觀法也。《摩訶止觀》在破法遍、諸見境那一段說得很仔細。

之後，又指另一種止觀修習法，旨在把定與慧等量齊觀。誠如《楞伽經》所指示，止與觀不外是禪定與智慧，所以，這個項目的解說是多餘的。止與觀的修行法要保持平衡。換句話說，禪定要常常根據智慧，而智慧一定得仰賴禪定，才能成為不動的東西。

說得再大一些，教理必須要依據實踐，而實踐也得依靠教理，才能獲得印證。缺乏理論的實踐未免太危險，而沒有實踐的的理論。無異一套空論，缺乏實際性。它跟天台學教觀雙資（理論與實踐互相彌補）的基本態度銜接，不久，也跟明朝陽明學派的知行合一思想相通。

《小止觀》指示在端身正坐的打坐時，怎樣實修以上五種止觀法。

⑽、十境十乘的觀法

在《摩訶止觀》裡，除了指出上述的觀不可思議境以外，也詳述起慈悲心、巧安止觀、破法遍、識通塞、修道品、對治助開、知次位、能安忍、無法愛，這是著名的天台止觀十乘觀法。

同時，也進一步擴大和整理十乘觀法所適應的十種觀境——陰入界境、煩惱境、病患境、業相境、魔事境、禪定境、諸見境、增上慢境、二乘境和菩薩境。

《小止觀》後面談到關於發起善根、覺知魔事、治病等三境的止觀法，並將兩者結合，而《摩訶止觀》將它稍作修正，以十境和十乘的止觀法方式系統化起來。

⑾、經由諸緣的止觀

《小止觀》說完坐禪中修行的五套止觀法，之後又指出一套經緣而對付情境的止觀法。《摩訶止觀》說完十乘觀法時，也記述某種好似跟它完全相同的情境。

坐禪完畢，因為不用原來的木阿彌，所以，在坐禪以外的日常生活各方面，就要小心應用這種止觀法。

永嘉玄覺對天台止觀的造詣很深，他在《證道歌》裡說：「行也禪，坐也禪，語默，動靜，體安然。」在禪宗的寺廟裡，都各自擬定清規，也就是訂立修行規範，不論洗臉、如廁、飲食、造飯、喝茶、掃地、田野或上山作業、睡眠等，全部跟坐禪的修行一樣，這種理念站在天台止觀的立場上說，正是相當於這句話。它跟《摩訶止觀》大意章所謂非行非坐三昧的論點重複。非行非坐三昧又叫做隨自意三昧（任意進入禪定）、覺意三昧（在心意活動時進入禪定）。三昧的名稱即表示這種情狀。

歷緣之緣是指行、住、坐、臥、作務和言語等六緣。所謂對境之境是指色對於眼睛，聲音對於耳朵，香氣對於鼻孔，味道對於舌頭，觸覺對於身體，法對於意，就叫做六境。

至於怎樣留意呢？如果在走路，不妨反省一下到底為什麼走路？是不是去做壞事，或做些無聊的事情呢？如果沒有意義，就要馬上停止，不要繼續走下去。反正採取任何行動以前，一定要先觀察，再做決斷。

由此可見，不論停步、坐下、臥著、工作或說話，不論何時何地、不論睡著醒著，都要檢點自己所作所為，一切法畢竟是空虛，也是不可得，不妨應用止觀法來審查這些理念。不僅坐禪如此，生活上每一細節都要成為一種修行，才是教理的真諦。

⑿、止觀與諸境

那麼，對於境況又應該如何呢？眼睛看見顏色時，彷佛看到反映在水中的月亮，那種色也彷佛看見自己那種色一樣，並非固定不變，不妨做這種反省的工夫。這時候，如果以為那是自己喜愛的色，就不顧一切，拚命去追求，如果討厭那種色，會莫名其妙亂了方寸，心神不定起來，我看見的東西，是不是應該看才看呢？那件東西跟我看的動作沒有關係，有時不必看的東西，我也好像在看它。

同樣的，不論耳朵聽到聲音時，鼻孔聞到香氣時，舌頭嚐到味道時，身體接觸而生感覺時，或意屬其他事物與意義，正在詮釋時，應該要好好利用這種因緣，諦觀所生的情況，這樣一來，才不會停在自我陶醉與感覺裏，而必須要徹底放棄那些情境。

人類的視覺、聽覺、嗅覺、觸覺和意識等，如果徹底分析，只不過是相對性的知覺罷了。換句話說，那些由於相應的因緣，才如此被知覺出來。

由此可見，部派佛教把釋尊的緣起法整理出來，而止觀法卻把那些教理好好地系統化。《摩訶止觀》的陰、入、界境說，旨在跟歷緣對境的止觀法相對應，之後，才讓它獨立成為十境之首。

只要把坐禪跟坐禪以外的生活各方面，密切配合的情形表示出來就夠了，之後，再回到坐禪方面，談談有關坐禪中產生的實際問題。

⒀、內外都發起善根

《小止觀》把正修行放在第六，而將發善根這段當做第七，藉此組成整套《小止觀》的修行法。

實修坐禪會生出各種善根，而這方面又可以分為內外兩種善根。外善根的發生，來自下列的情形，那就是坐禪、布施、生活嚴謹、孝順父母和老人、供養三寶、學習佛的教誡、自覺自勉。但有一點必須要注意，這些善行倘若做得不確實，反而會學成魔行，可見它跟第八所謂魔事的覺知重複。

行善布施雖然不像政治家的選舉，到處要宣傳，不過，自己做了許多善事，惟恐人不知，而且旨在施恩於人，又讓對方不勝其煩時，這也不能說真正行布施。雖然主張生活要嚴謹，倘若嚴肅呆板也無異生命的枯竭。雖然主張要孝順父母，事實上，要事事令父母心滿意足也不太容易。破綻的例證，多不勝枚舉。如果行事不正，無疑成了魔業，這是千真萬確的。

其次，談到內善根的發相，坐禪時會產生跟諸種禪定相通的善根。產生這種善根時，先要仔細看看它的樣相，之後要追究這是邪偽禪？還是真實禪？如果屬於正確的善根，就要小心培養下去。

⒁、善根的發現

善根，是佛教術語，意指好的根性、良善的根性，指能生出善法的根本。其實就是指自我的修養，修養愈深，善根就愈厚。

首先指出善根到底怎樣發生呢？它說有五種，那就是息道、不淨觀、慈心、因緣觀和念佛等五種善根的發相。

雖然，息道的名詞與順序不一樣，但在正修行裡，卻把它列為修觀之一，我們知道它被列為對治觀的方式，靠五停心觀來表示善根的發相。在此，包括念佛在內，具備五種觀。

息道善根所發的相定，身心靠止觀的修行得以調適，妄念停止，因此讓禪定深入，一坐、二坐，及至一天、二天、一個月、兩個月，歷經這些日子也像停不下來時，有一次突然身心動盪，覺得八觸並發了。

換句話說，身上有痛、癢、冷、煖（溫之意）、輕、重、澀和滑等感觸了。此時，身體出現一陣爽快，心境安寧，有一種難以形容的感受。這就像息道的根本禪定發生的樣子。

或者忽然覺得息的出入口與長短，遍及身體，毛孔全部張開似地。之後，體內的五臟六腑，好像打開整個倉庫，看得一清二楚的樣子。此時，內心喜悅，也有一種寧靜感。這是隨息的殊勝（只有佛才具備的十八種卓越特質）善根所發出的相。

其次，談到不淨觀的善根發相，那是禪定中忽然目睹別人和身體死後僵硬、逐漸腐爛、變成一堆白骨爆曬在陽光下，有時好像厭憎自己愛著的對象。這是九想善根的發相。或者看見自己的身體變成這種情狀，才會領悟無常，討厭五慾，遠離我執的念頭。這是背捨（也叫做八解脫。仰賴四禪八定而得到八種解脫。藉此達到滅盡定）善根的發相。

接著，又有一種不淨觀，就是把各類生物、衣服、飲食，以至山河等一切東西，都看成不乾不淨。這是一種大不淨的善根發相。

慈心善根的發相是，突然對天下眾生起了慈念。好像看見親人怨敵都很幸福的樣子，而有一種說不出的喜悅感。這是慈心善根所發出的相。至於其他悲、喜、捨的發相也差不多相同的樣子。

因緣觀的善根所發出的相是，忽然心裡有所覺悟，推察三世（過去、現在和未來）十二因緣，而離棄人我見（對自我的執著），斷和常兩見，以及其他邪見，藉以開發智慧，感受法喜。再者，好像能夠理解五陰、十二處、十八界等結構。這是因緣觀的善根所發的相。

念佛善根所發的相是，突然憶念諸佛的功德、相好、神通和說法等事，而生出敬愛心，開發了三昧，縱使出了禪定，也仍會感到身體輕快，應該自愛。這是念佛三昧的善根所發的相。

另外，還有佛法僧戒的四不壞淨，四正勤到八正道的三十七道品，空與無相，以及無作的三三昧、六波羅蜜和神通變化直到各種法門的發相。

當然，數息觀的根本禪與十六殊勝，不淨觀的九想、八背捨和大不淨，慈心觀的四無量心，因緣觀的三世十二因緣、五陰、十二處、十八界、念佛觀的相好、十力、四無畏、十八不共法、三三昧、八解脫，以及其他一切法，都算是代表性的佛教教說，全都在禪定裡，或覺者所具備的能力。禪定逐漸深入，教理的內容也逐漸變成自己的東西，以上都表示這種情狀。

⒂、善根的真偽

關於怎樣判定善根的真偽問題？根據該書的教誡，首先，應該分辨邪偽禪的各種發相。

誠如上述的禪定進行中，好像覺得身體在騷動，或被某種沉重物壓得透不過氣，感覺身體好似飛立起來，也好像被綁住，有某種疲怠感，或起了惡寒、發高燒，甚至會逐漸看見各種情景，心頭昏黑，或想起不喜歡的事，憶及外界的各種善行，或高興得慌慌張張，或沉於憂悶，或怕得毛骨悚然，或昏睡時發出各種邪法。不管想到什麼奇特的事情，這些統統屬於邪偽的禪定。一旦愛上這些禪定，就會跟九十五種鬼神法相應相呼，打成一片。如果樂此不疲，就會心神散亂成了瘋狂狀態，發生所謂禪病了。

有時鬼神會向那些沉迷邪法的人，添油加醋，推波助瀾，讓各種邪定、邪智的辯才和神通發作起來，迷惑世人。凡夫與傻瓜看了誤認他們已經覺悟矣，忍不住心服口服，結果迷惑人心愈來愈嚴重了。

那些只知行使鬼法，迷惑世間的人。死後永遠也看不到佛，也會墮入鬼神世界裡。在坐禪時，樂於行使惡法的人，也會下地獄。

由此可見，我們一定要明白坐禪也有正確與錯誤的分別。並不是只要打坐就等於好事。如果引導錯誤，不如不坐。邪偽的禪定特別細微，有時不易辨認。

那麼，真正禪定所發的相如何呢?它跟上述的邪法不同，每次禪定時，會相應出現明確而又飽滿的喜悅，不會迷惑、開竅善心、湧起信仰與恭敬心，智慧明朗、身心柔和、安寧閒靜、厭棄人間的名與利，變成無欲無為，出入自在。據說這種情形彷彿跟壞人為伍，為非作歹時，會彼此惱怒，互相看不順眼，若跟好人一塊兒做事，長期間自然會一齊做好事一樣。不消說，這些善根一定要靠止觀兩法，努力增進和強化才好。

⑯、破壞善根之物

但是，也有情況會破壞上述的善根，那就是惡魔了。

因此，第八要討論如何覺知魔事？

俗語說：道高一尺，魔高一丈。因此，實在有必要分辨魔事才對。《摩訶止觀》在十境裡，把魔事境放在第五境，而《小止觀》卻把病患境放在第三位。

魔事有四種──煩惱魔、陰入界魔、死魔和鬼神魔。《小止觀》認為前述三魔為世間的常態，不需要詳述，只有列出項目。當這個魔出現時，要靠自己驅逐牠，《小止觀》這樣指示，此外什麼也沒說。

但是《摩訶止觀》卻把陰入界境和煩惱境，列為十境之二，讓它們獨立起來。死魔被包括在以下的治病裡。《摩訶止觀》明白記載病患境的內容。《小止觀》只有詳述鬼神之魔。我們只能從智顗怎樣關心俗家哥哥的說明裡窺視一二。但是，在中國流通那本書上反而大幅刪除這一段，不如日本版說明那樣詳盡。所以，這一段最好參閱日本的版本。

鬼神魔有三種——精魅鬼、堆惕鬼和魔羅鬼。

據說精魅鬼會在一晝夜十二時辰的每個小時，現出十二支與同類的獸形，來擾亂坐禪人，那些屬於魑魅魍魎之類。雖然，這些鬼怪都根據《大集經》上所說，但是，對於現代人來說，也許杞人憂天，因為現代人根本缺乏晝夜十二支的時間觀念和想像力。不論如何，當這些獸形出現，好像要煩惱坐禪人時，據說只要把現身的獸類名稱叫出來痛斥一頓，牠自然會消失。

堆惕鬼好像蟲類，蠍子一樣，會刺人的顏面或進入人的脇下爬走，甚至引起耳鳴現象。此時，不妨閉眼念誦：「我知道你是誰，你只是在世間吃火、聞香、偷臘的惡鬼吉支。你們也是愛用邪見來破戒的傢伙。我現在要持戒（坐禪），根本不會怕你。」只要這樣念唱下去，那些惡鬼會悄悄溜走，再也不敢來打擾了。

若是出家人，不妨誦讀菩薩戒的戒序，若是在家人，不妨誦起三皈、五戒和八戒等條文。據說惡鬼聽了也會溜之大吉。這些也是根據諸經所說的鬼物。

其次是魔羅鬼，牠會現出違反常情的境界，來騷亂坐禪人，同時會現出合乎情理的境界，甚至會現出以上兩者以外的境界，共有以上三種魔羅鬼。違反情理的境界是，可怕的獸類與鬼神現身。合情合理的境界是，曖昧與俊男淑女的做愛鏡頭，全會令人眼花撩亂、心神分散。不屬於以上任何一類的境界，無疑會呈現極正常的景象來妨礙坐禪人。

若要消除這些魔鬼蛇神，先得修止。坐禪人要明白好與壞的魔境，全部屬於虛偽事物，不必取捨或選擇，任牠自生自滅，結果自然會消失。接著修觀。到底什麼東西讓自己煩惱呢？仔細觀察一番，心裡不必畏懼，認定魔界好像佛界一樣，既不必捨棄魔界，也無須接受佛界。這樣一來，佛法自然會出現，而魔境也會消滅於無形。

縱使魔境不會消失，也不必憂慮。雖然消失殆盡，也無須歡喜。原因是，坐禪中出現魔物化身的虎狼，那群虎狼也不會吃人，即使魔鬼化身男女，那些男女也不會變成夫妻。反正一切都是幻象幻覺，不必心生恐懼。

有些坐禪人執著幻影幻象、心生妄亂，以至發瘋起來，那也只能說是坐禪人的無知所致，而不是惡魔的作業。

倘若這樣仍然受到惡魔的騷擾；那麼，只好進一步自我勉勵，給自己打氣，唸誦諸經教導的咒語來征服惡魔，專心一意的皈依三寶才好。因為魔事形形色色、多彩多姿，開始打坐時所以要親近善知識，起因於上述的重重苦難。《大智度論》說：「除了諸法的實相以外，全都是魔事。」所謂「分別憶想是魔羅之網，既不動搖也無分別是法印。」正是如此。

⒄、治病的坐法

第九段談到如何靠坐禪醫治病患？

因為坐禪要調整前所未有的身體、氣息和心意，以致處處留心，才會引發舊病。有時也因為身、息、心等調節錯誤才生病。但若靠坐禪來調整心神，那麼，各種疾病自然也能治好。惟因如此，我們不妨透過坐禪好好地探索病源與治病方法。

原因是，一旦有病不但妨礙修行，也有性命之虞。

在《摩訶止觀》的十境裡，第三境列出病患境也詳細談到治病問題。我們應該對智顗的用心良苦表示敬意，他不僅為了要替俗家哥哥驅除病死的恐懼，也為了要吸引一般人對問題的關懷，才企圖給予止觀法適宜的定位。

「朝聞道、夕死可也」——雖然要有這股熱絡的求道壯志，但也不是盲修瞎煉。因為正確的做法是禪定要靠智慧來引導。

覺悟成道以前，要不惜身命，同時，也要有智慧明白珍惜身體，才能完成成道的目標。要重視自己的生命來修道，佛的慧命才得以生存，這種努力當然不在話下。

坐禪的調身、調息和調心的秘訣，也出自這個想法。之後，不論排泄、洗澡、就寢和生活各方面，都不能等閒視之，這些都足以培養一天的身命。

⒅、發病的諸相

病的發相，出自身體調適的崩潰。首先，身體會出現腫疱，或脊椎彎曲等病。又有塞痰、脹肚、肚子痛或瀉肚等病。另外會忽冷忽熱、發高燒或畏寒、關節痛、大小便不通暢，而且有身體不著地，或全身鈍痛之感，肺部鳴作響的感覺。

類似這些身體的失調，稍有感受的話，應該知道自己有病矣。身上稍微的病狀，屬於難症的預兆。

其次是，由於五臟所生的病相。

出自心臟的病相，例如身體發燒、或發冷、頭痛或口渴。心臟的疾病主要出現在口裡。

出自肺臟的病相是，身體腫脹、四肢疼痛或鼻塞等。肺臟的毛病呈現在鼻子。

出自肝臟的病相有，心情悶悶不樂、悲觀苦惱、易怒、頭痛或雙眼模糊。肝臟的病相呈現在眼睛。

出自脾臟的病相有，身體與臉上好像被風刮到的感覺，悶熱或疼痛，飲食好像無味。脾臟的病相呈現在舌頭。

出自腎臟的病相是，咽喉感到惡寒、脹肚，好像耳朵聽不見。腎臟病呈現在耳朵。

由此看來，五臟出來的病狀，形形色色，如果坐禪中，或睡眠時出現這些症狀，鐵定來自五臟的毛病，自己心裡要有數，不必慌張失措。

有兩種病是由內外發起的。一種是由於外傷、寒冷、風熱和飲食失調引起的病，另一種是調心法與止觀法不正確，以及禪定中不知會出現什麼情狀而引起的病。

另外，再談談患病的三種原因。第一種是由於四大（構成身體的地、水、火、風等要素），和五臟（肝、心、肺、腎、脾）失調引起的病。第二種是鬼神引起的病。第三種是業報的引發病。這些疾病快醫快好，也容易治療，過了時日往往很難醫治。

⒆、治病法

那麼，應該怎樣治療這些病症呢？只有依賴止與觀兩種治療法。

在治病法這一段，智顗逐漸引用某位禪師的話來替代自己的意思。原因是，他認為當時流行的諸師治病法也有效，也很適當，才值得引用。

他先談到止的治病法，那位叫做溫師的禪師說，要安心才能治病。有人說心是一生的果報主人，頗有道理。

溫師說，把心止在臍下一寸的丹田，如果守住不散。不久，病況自然會醫好。

在《摩訶止觀》病患境那一段，溫師也有一則解說：

「溫師說，把心放在肚臍裡，解開衣服。明白地觀想如豆子大小的東西，之後閉上眼睛，口齒合住，舌頭抵住上齶，才能調節氣息。倘若心好像散失於外，就要攝收回來。倘若念了也看不見，只有解開衣服看了，好好取出相貌，好像放在前面。」

溫師的解說也被《禪門口訣》的書上引用了，依據智顗的解釋，把心放在肚臍的方法，自有它的理由和根據：

「把心繫在肚臍的理由是，息會臍裡出來，再還原進入臍裡。息的出入限在肚臍，這樣一來，才容易領悟無常的理法。

所謂腹式呼吸不是別的方法，而是授用豐富的想像力，極具體地表示出來。這種方法能夠治病的理由是，丹田即是氣海，它能吞下百病。若把心停止在丹田，氣息調和，才能把病醫癒。」

《摩訶止觀》上記載：「丹田在臍下二寸半處。」

當時，一群禪修者的功力，都靠智顗才能放進止觀法裡。

據說一位法師把心停止在腳下，不論步行起立，或睡眠時都很留心，果然把病醫好了。

還有一項理由是，一般疾病都是心神輕浮、頭部發燒引起，所以，若肯努力把心放置臍下或腳下，那麼，身體會很調和輕快，病情自然恢復正常。

某位法師說，如果知道諸法皆空，不會拘泥於病相，病情自然會醫好。

當然，這樣治病的例證也屢見不鮮。《維摩經》上說：「病的根本在攀緣，因為胡思亂想才會患病。」說得也對。

其次是，用觀治病的方法。

曾有某位法師用六種氣治病。六種氣是吹、呼、嘻、呵、噓和呬。據說把氣息放在口唇發出，想在心頭，反覆幾次，可以治病。心臟在呵字氣，腎臟在吹字氣，脾臟在呼字氣，肺臟在呬字氣，肝臟在噓字氣，互相對應，尤其在嚴重的臟部方面，要聯合運用嘻字的氣勢。

雖然，其間沒有智顗個人的評論，但是，他居然肯引用這段話，也許他認為這種方法很有效果。

那位法師用十二種息來觀想治病。換句話說，他用上息、下息、滿息、焦息、增長息、滅壞息、煖息、冷息、衝息、持息、和息、補息等十二項。因為這是以觀想的心來做呼吸。

上息治療沉重，下息治療虛懸，滿息治療枯瘠，焦息治療腫滿，增長息治療羸損，滅壞息治療增盛、煖息治療冷感、冷息治療燒熱、衝息治療壅塞不通、持息治療戰動、和息治療四大不協調、補息彌補四大衰弱，就像這樣聚集各種觀念進行呼吸。

那位法師用假想觀治病。例如有人患冷感症，叫苦連天時，不妨想像體內有火氣升起，藉此治病可也。《雜阿含經》上說明這種方法，跟七十二種治病法一樣有根有據。

那位法師只用止觀，檢驗沒有實體的體病與心病，藉此法來治病。諸如此類的治病法，形形色色，如果正確地運用止觀兩法，恐怕每種病都有治好的可能。

可惜，現代人的氣力衰弱，光憑這種氣與息的觀想，恐怕不能醫好病症。所以，一旦患病還是服藥才好。

倘若碰到鬼神作祟的疾病（迷信的人指鬼神跟人為難），不妨振作精神、強化心意、唸誦咒語也能醫好。

如果來自業報的病（造業不同，感召果報即有差別），不妨反省過去的惡習，誠心悔改，也有治癒的希望。

⒇、治病的坐禪

《摩訶止觀》表示以上諸症可用坐禪的六種方法醫療。那就是止、氣、息、假想、觀心與方術。

其中有當時禪定者採用所謂吐故納新的導引法、服氣法兩類。

如果不理會病情，把它放在一邊，不但不能修持正法，也恐怕會失去佛性慧命。所以，我們一定要懂得治病法。因為有各種治病方法，不妨從中選擇最適宜自己的方法。

如果要用坐禪來醫病，應該注意以下十點。

先要相信止觀法，之後，要常用這種方法，專心操作，仔細注意各方面生活，懂得病因，設法除去其中的原因，長期間實踐，不能中途停止，取其有用之處，捨棄無益的地方，修行正確，不要有修行障礙。

若能注意以上十點，持續打坐，大概治好病不會有問題。

書上對於病苦的患者指點得頗為妥善和踏實。充分吸收現代醫療的恩惠，要病人注意健康，而且靠坐禪鍛鍊身心，作者很有條理地指示這些意義，真是令人驚訝和感動。

(21)、證果的情狀

實修前述的止觀方法，不知會到達什麼境界呢？書上把這一點放在最後的證果那一章。

所謂證果，顧名思義，就是指大徹大悟，只要閱讀教說內容，不難明白空、假、中等三觀，所以，那是跟《摩訶止觀》正修行那段十乘觀法的第一觀——不可思議的教說相互呼應。

由此可知，那是修行的基礎，幾乎具有終極意味的證果。

修行止觀法時，來自心的一切諸法都由心所生，也是由因緣所生的東西，而非定實之物，都是空性，也是虛假的東西，這即是體真止。那時既無該求的佛果，也無該救的眾生。這種觀屬於從假入「空觀」。但若停留在這種觀裡，就會墮入二乘觀裡。如果把這種無為當做正位，就無法引發佛的真正覺悟了。這種立場僅靠禪定力量，不能看見佛性。

菩薩是要為芸芸眾生成就一切佛法，而不是無為地取著，自行寂滅。那時要修行從空入假觀。心性為空，如果對於緣而言；說一切法無異一種幻化。坐禪人也要這樣看法，在空的理法裡，修持各種行、分別眾生的需要，而說明無量的法義，以利益眾生。這是一種方便隨緣的止，也是從空入「假觀」。

把這種空觀和假觀當做方便觀的形式，才能列入中道第一義的觀。如在一念裡想要具足一切佛法，那麼，就不要停在空觀和假觀裡，而必須實行中道正觀才行。如果明顯地觀想心性既非空、也非假，而且也不會破壞空與假的法，那麼，就能通達中道正觀，也能圓滿地觀照真與俗兩諦。若能看到心的中道，才能看到法的中道。

這種正觀一出現，因為定與慧的力量均等，所以，才能看到佛性。此時，六根清淨，能夠進入佛的境界，對於一切事物都不會執著，一切佛法都會呈現出來，成就會佛三昧。一旦停留在首楞嚴定，就會成就普現色身三昧，進入十方的佛國土，教化眾生，嚴淨一切的佛國土，供養十方諸佛，受持一切諸佛的法藏，具足各種行持，才能悟入大菩薩位，進入普賢菩薩和文殊菩薩的行列，共計有以上各種功德與利益。

據說這是初發心的菩薩修持止觀所得到的證果。

其次，明白後心的證果相。

後心覺悟的境界，是外人無法窺知的，依照佛經記載的教說看來，仍舊不離止觀與定慧兩法。引用《法華經》與《涅槃經》兩大經典的經文，足以證明止觀法的正當性。

5、調心的風光

天台的智顗大師表示，在行、住、坐、臥等四威儀裡，依靠坐而修行屬於捷徑，也是最適宜的方法，根據這個理由，他尤其強調正身端坐，調節身、息、心等三事。

在敘述的順序裡，指示坐禪前段的注意事項，在正修行與證果那章裡，也提到坐禪方面的調心法，止、觀兩法與目標。至於坐禪的形狀與心態，在調心裡說得很詳盡。

《天台小止觀》上沒有說清楚，但在《摩訶止觀》上規定坐禪人要諦觀坐禪的心，而心是不可思議的境界。詳述坐禪時會呈現各種不可思議的境界。

當時，智顗好像以黃河與長江流域為中心，談到許多佛學者根據各宗教體驗，所說的各樣坐禪法。那些都是含有濃厚的偶然性，沒有任何學理根據，好像極端私人性質的心境。

據說靠坐禪可以實現體心，而踏心或和心、融心、覺心、覓心、泯心、了心等，都會以悟境方式呈現出來。

但是，智顗說這種程度和心境，既不是覺悟，什麼也不是，坐禪不是為了要實現這種程度的宗教體驗。

既然如此，那麼，坐禪的正覺與利益，只要任何人稍微注意，都可能驗證才對，最後決非奇妙的個人體驗。

意思是，坐禪是初學者或沒有經驗者的規矩罷了。如果事實如此，那麼，坐禪顯然不是不值一提，面向毫無根據的悟境，而是釋尊明明白白提示的真正坐法，既能高尚，也會卑劣，必須能夠判斷得到的坐禪。

並非一旦覺悟，也一無所有。只要真正覺悟了，那麼，通常不曾發覺的若干細微的優閒雅意，非同凡響的意味會栩栩如生地蘇醒或呈現出來。

智顗把這種境界整理成以下十種——陰入界境、煩惱境、病患境、業相境、魔事境、禪定境、諸見境、增上慢境、二乘境、菩薩境。

《摩訶止觀》在諸見境途中說明結束，有關以後三境的問題，因為跟《法華玄義》等教理教說的內容重複，才沒有必要細說。

實際上，這十種境界倒不一定會按照以上的順序出現。呈現的方式，也許若干境界會層層出現，或意識上以不進步的形式在活躍，不但不會長期持續這樣，強弱也會因人而異。

無如，在坐禪中呈現的各種狀況，經過一番觀照，大約只要類型化成十種境界，就已經足夠了。如能掌握可能出現的事態，不論坐禪中遇到那種情狀，也能應付自如。

⑴、坐禪的基礎

十境之首是陰入界境，具體上指五陰、十二處和十八界「三科」，任何人都不例外，意思是把普遍性的認識世界當做對象。

五陰是原來的語意，唐玄奘將它譯成五蘊。意指人的生命由色、受、想、行和識等五項要素形成的。

色的定義是「變礙」，是可礙又可分的。指身體，凡有色相與形狀的事物，總稱為色。受的定義是「領納」，指感受作用；想的定義是「取像」，就是認識作用。指表象作用；行的定義是「造作」，指意志作用；而識的定義是「了別」，即明瞭識別，指意識。受、想、行、識是屬於心的活動。

換句話說，它說明坐禪人的身體與內心狀況。

十二處只是從另外的角度解釋五陰，教理的旨趣全都一樣。

那是六根與六境的關係。六根是眼根、耳根、鼻根、舌根、身根、意根。順序上指視覺器官、聽覺器官、嗅覺器官、味覺器官、觸覺器官和意識的統覺器官。

六境指色境、聲境、香境、味境、觸境和法境。知覺器官表示感受的對象世界。那是色與形的世界、音響世界、香氣世界、味覺世界、觸覺和意味等世界。

六根與六境的關係，乃是目睹者（能），和被目睹者（所）的關係，互相形成關係，才叫做十二處或十二入。

十八界是依靠六根、六境與大識等成立的世界。六根與六境接觸，其中所生的知覺與意識叫做六識。

眼根接觸色境，會生出眼識界。耳根接觸聲境，會生出耳識。鼻根接觸香境，會生出鼻識。舌根接觸味境，會生出舌識。身根接觸觸境，會生出身識。意根接觸法境，會生出意識。

就像這樣，以十八種言語來表示人類生存的世界結構。當然，這種教說只是大意解說。現實上，眼觸、耳觸、舌觸及鼻子等言語，是不能劃一性地分節出來。

到了部派佛教時代，才把這些教理加以整理和系統化起來。原來，他們有意將釋尊的緣起教理，用這樣的組織方式來講解。

之後，大乘佛教將這些教說判定為小乘的教理，企圖將它歸納在釋尊緣起那種寬裕的教說內涵裏，而把那些說成「空」。

例如，《般若心經》所謂「色即是空。受、想、行、識也是空。」「既無色、也無受，無想、無識。」甚至說「連眼、耳、鼻、舌、身、意、色、聲、香、味、觸、法、眼識界也沒有，乃至沒有意識界。」

倘苦受制於這套教說——表示事物的緣起理法，而忘記把這套教說的真狀，活用於現實裡，結果會毫無意義。空的教理，完全在提示這一點。

由此可知，空的論點在徹底拒絕和否定愛著與執著，企圖回歸釋尊緣起說的基礎上。

講解空那套理法的大乘佛教，雖然備受批評，但它跟陰入界的三科教說一樣，都打算要表示人類存在的緣起構造。

天台止觀把坐禪時最先修行者的狀況，設定為陰入界境。

如果把這樣的世界狀況歸納來說，那麼，十八界可以歸在十二處、十處歸入五蘊，而五蘊納在識陰裡。定論是識陰即心也。當然，這顆心是在十八界展開的心。

智顗說，這顆心是能夠調整的。這顆心是實際上活動的心。不是跟現實脫節很遠的佛心，也不是別人的心。眼前不是別的東西，完全是它本身的具體生涯，以總體方式擺出來。

不久，這顆心會現出煩惱、病患、業相、魔事、禪定、諸見、增上慢、二乘和菩薩等各種境界。

然而，不論遇到那些境界，這顆心都是能夠諦觀的不可思議境界。

⑵、十項方法

如要開始諦觀，計有十種方法，那是觀不思議境、起慈悲心、巧安止觀、破法遍、識通塞、修道品、對治助開、知次位、能安忍、無法愛。

這是諦觀活現那顆心的十種方法。

心被觀照為一種不可思議的境界，而觀不思議境的觀心法是，即將列舉出來的「十乘觀法」，或所謂「十重觀法」的理由——起慈悲，巧安止觀（巧妙地採用止觀），破法遍（好好批判法）、識通塞（知道坐禪的通塞）、修道品（實踐跟坐禪有關的主要修行法）、對治助開（克服那個成了弊害的心）、知次位（知道修行的境界）、從安忍（修行時安心）、無法愛（不愛著似是而非的事物）。所謂十乘觀法或十種觀法，都以上述九種方法做內涵而探究出來的。

⑶、不可思議之心

觀照心為不可思議的境界，到底是怎麼回事呢？

所謂不可思議，意指根本料想不到。凡是緣起或空的情狀，都是超過我們日常生活的思考範圍。自從智顗把《妙法蓮華經》的妙字，說成不可思議的意思後，不妨說不可思議即是妙也，也是諸法實相的意思。

不可思議、不可得、不思量、非思量，不可稱量，或不可商量等，全是相同意思。

現代說話裡也習慣用摩訶不思議，那是指非常不可思議，好像戲法、魔術、奇蹟、不應該出現的意外，以及神秘的體驗等現象出現。

但是，佛教所說的不可思議，顯然不是這個意思，固為追逐名利，反而在日常生活上迷失，看不到真情實狀。

智顗認為在微微活動的一念之心裡，也具備不可思議的三千世界，故稱它「一念三千」。

一心是一切法，一切法也是一心，幾乎可用這個意思來表示什麼是諸法實相了。

所謂一念或一心，在此並非指專心一意，而是指整個心的意思，身心一體，意指這種總體方式的生命。

三千這個數字，為象徵性表示，並非數字本身有什麼特殊意思，勿寧說，意義在教說內容方面。

這顆整個的心，表示具有十種法界。每個法界都具有十法界。每一界具有三種世間，因為三種世界各都具有十個如是，相乘的積數等於三千個數目。

十個法界是指地獄界、餓鬼界、畜生界、修羅界、人間界、天上界、聲聞界、緣覺界、菩薩界和佛界。十法界各都具有十個法界。最下層的地獄界裡也具有佛界，同樣的道理，在最上層的佛界裡也具有地獄界。這叫做十界互具。

這個想法跟另一種想法相通，那是指佛的覺悟世界，並非排除極惡的諸法，或處理邪魔的情狀，而卻允許包括諸惡在內。這是很著名的天台宗所謂「性具性惡」的思想，性不是惡，而是指性裡含有惡的成份與因素。

三種世間是指五陰。眾生和國土等三個世界。教示我們要把自己、他人和環境等放進視野裡來。這段意思出自《大智度論》這部經典裡。

「十如是」指如是相、如是性、如是體、如是力、如是作、如是因、如是緣、如是果、如是報、如是本末究竟等。它們出在《妙法蓮華經》方便品：「唯佛與佛、乃能究盡、諸法實相」這段著名的經文後面。

如是相指事物的外面樣相即是這樣（緣起）。如是性指事物的內面性質，如是體指事物的體格，如是力指潛在力，如是作指現出來的活動，如是因指原因，如是緣指條件和狀況，如是果指結果，如是報指影響與反響，而如是本末究竟表示從開始的相，到結束的報為止，同樣有關係。

由此可見（如是），任何方面都現出緣起的理法。這是說只有佛與佛才能究竟諸法的真情實狀。因此，他把分別在各部經論上教說組合起來，說明自己一念之心的內在實情。

陰入界境雖然使用小乘佛教所謂的教理架構，但是，其中所裝的內容是以《法華經》為代表的大乘教理。手法堪稱非常高明。

他倒不是丟棄小乘佛教，好像高喊三藏教來評價小乘佛教一樣，他依靠大乘佛教的教理來喚醒小乘佛教的理念，類似智顗的手法。

因此，一念是三千方式，而自己的心目前飽藏三千的豐富意義。

這種情狀不是先有一心，之後，才呈現三千的一切法。而且，也非生有三千的一切法，之後才有一心。在時間上，不是從一心產生一切的法。也不是心同時包含一切法在內。

只是說這顆心即是一切法，一切法即是這顆心。

由此可見，心與一切法的關係，超越時間與空間的範疇。超越同一性與差異性的關係。既不能靠意識知道，也不能用言語來表示，或能表現很窮盡。雖然，任何表示都不充分，事實上卻煞有其事。

如果大膽地說，一心即是一切法（假觀）、一切法即是一心（空觀），同樣地，它既非一心、也非一切法（中觀）。

據悉任何事物，一心或這種情狀，應該可以很清楚地諦觀。

⑷、天台學的諦觀

到目前為止，肆無忌憚地使用「諦觀」一詞，殊不知那是靠智顗大師提煉出來的用語。天台學用三諦圓融、一心三觀等一連串所表示的教理，才讓這個用語有深切的意味。

三諦圓融是指三個真實圓滿地融合起來。事物好似空狀、假狀、中狀，而這三者又是真實，彼此有相即不離的關係。

將這種事的實情，如實地放在一心裡觀察，叫做一心三觀。因為三觀是一心，所以，三種觀法會形成即不離的關係，自然不在話下。

換句話說，把這三諦放在一心裡三觀，即所謂諦觀，意指很清楚地觀察。這正是天台學的觀心法。

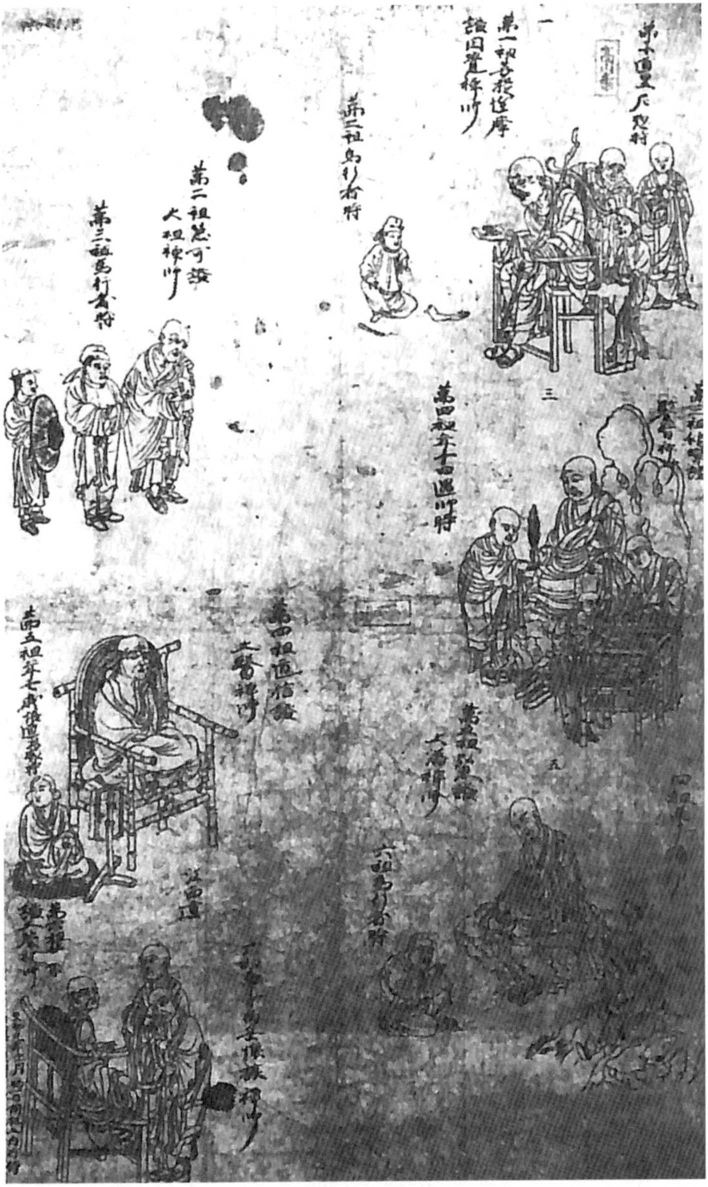

禪宗的傳燈圖

當然，智顗這種三諦三觀的觀法是有根據的，它出自《天台小止觀》「證果」章所引用《中論》的偈文——即是——

眾因緣生法、我說即是空、亦為是假名，亦是中道義，

未曾有一法，不從因緣生，是故一切法，無不是空者。

意思是，凡事都靠因緣才能生起，這叫做空。那麼，像這樣由因緣和空而來的事物，也好像暫時用言語來表示的東西。因此，緣起、空、假等事物，都屬於中道。

世俗有，是大家看得到的現象，由因緣條件而產生的結果，在這上面安立名言。而自性空，是依據於世俗有的現象而挖掘出來的真實性。

偈文的意思，就是這種情狀。

空、假、中——事物的三種真實存在，如實地觀照，正是坐禪的心態。

此時，超越沈默與說話的真狀，明白地顯現出來，既非含蓄於內，也非來自外界，沒有前後與多少的選擇，念出如意珠般的心，無拘無束，這是智顗大師的說法。

(四)、禪宗的坐禪

(1)、達摩的坐法

遠從釋尊開始，佛法代代相傳，直到第二十八代菩提達摩，才來到中國成立禪宗體系。這是中國禪宗的傳統。

達摩禪師出身南印度香至國的王子。曾在般若多羅門下學佛法，聽從師父的誘勸來到中國。他到達中國的確實年代不清楚，但依日本道元禪師的記述，達摩在梁代普通八年（西元五二七年）九月二十一日抵達中國。

既使今天學者的研究，也推測是那段時期左右。

經過三年的海上航行，達摩才從廣東省廣州登陸。廣州刺史蕭昂了解達摩不是尋常人物，特地稟奏梁武帝，高僧來到中國，不久才被歡迎到建康（南京）的王宮去。

梁武帝也算是中國歷史上著名的佛教徒，篤實信佛的武帝，他跟達摩有過幾番交談，交換過意見，當然，梁武帝那種功利性的想法，跟達摩的純粹佛教理想，屬於不同的範疇。

達摩發覺自己不宜住在京都，乃從長江的渡津搭乘小船到北岸，最後選在洛陽東南部一座名山——中嶽嵩山的少林寺落腳。達摩禪師莊嚴肅穆地渡過長江，後代人把他那時的造型題名為「蘆葉達摩」。

達摩禪師生性沉默寡言，而不是滔滔不絕的辯論家型。他不同於中國歷代的聖人形象，因為孔子、孟子、老子和莊子等人，都是辯才無礙，鋒芒畢露。在南嶽慧思禪師門下，以說法第一馳名的天台智者大師，也跟達摩迴然不同，甚至呈現完全相反的風範。

達摩在少林寺居住九年，只有坐禪而已。他在石洞裡，面對石壁，端端正正的坐在那裡，兩腿曲盤，兩手作彌陀印，雙目下視，五心朝天入定。人人稱他「壁觀波羅門」，面壁的風範與外國和尚的特色，傳遍中國各地。

有人說過份打坐修持，最後難免連手腳都會衰萎起來。事實上，這完全是外行話，一般人憑空亂說，甚至道聽塗說，人云亦云而已。

嵩山處在高峰幽谷，群山環繞。冬天相當嚴寒，即使三月末來訪，也仍然積雪甚厚，寒風刺骨。暑夏的七月下旬上山時，正是避暑的最好時機。

某年某日，整天在打坐的達摩也碰到客人來訪了。但是，他根本不理會客人上門，只知面壁坐禪，甚至不知道客人的存在。

訪客慚愧之餘，自斷手臂，證明求法的誠意與決心。這位訪客是達摩禪師的傳承者——二祖慧可。

日本的雪舟等楊把這幅情景，描寫成「慧可斷臂圖」，這類禪圖也頗有名氣，令人讚嘆。日本的道元禪師也曾用極感性的文字，將這種情景寫成一篇佳作，傳為美談。

只見大雪紛飛，愈積愈厚，據說連慧可的腰部都被埋在雪堆裡了。次晨，達摩出來看見慧可的樣子，自斷手臂，似乎才讓達摩怦然心動。他倒沒有讚嘆鮮血浸在白雪中的美感。當然，他也感受了對方求道的堅決意志，這是道元禪文章的大意。

達摩收下慧可為門徒，傳授禪法。之後不久，達摩也不幸死了。他的骨灰葬在洛陽郊外的熊耳山裡。

後來，有人傳言達摩爬越帕米爾高原的蹤影，結果，他那幅「隻履的達摩像」從此出現人間了。

慧可斷臂圖

雖然，達摩渡江、達摩行化的像很馳名，殊不知達摩面壁的坐禪像，才是最值得傳頌和欣賞。

達摩的定位，應該是正式繼承釋尊坐禪的禪宗初祖。

道元禪師斷然表示，達摩面壁打坐的格調，跟歷來學禪的人打坐迥然不同，雖然，他不曾傳授一部經，其實，他卻把釋尊正確的坐禪法帶到中土了。

道元的意識，無疑主張我們不能遺失坐禪的基礎。

二祖慧可以後，就是三祖僧璨——四祖道信——五祖弘忍——六祖慧能，歷代禪師都繼承達摩的坐禪法。

⑵、「拈華瞬目」或「破顏微笑」的故事

凡由一位師父依序把佛法傳授一個弟子，這種方式叫做師資相傳或師資

相承。在禪宗方面，特別重視由師法傳給弟子的傳承，這叫做傳法、嗣法或得法。

這種形式既非來自釋尊的佛教，也不是印度的佛教，很可能是根源於重視中國式家庭與宗族的想法，純粹在中國社會形成的觀念。

釋尊的弟子總稱為十大弟子，但是，我們看不出他們有什麼閉塞的師徒關係，釋尊並沒有把正確的教法傳給特定那位弟子。智慧第一的舍利弗，神通第一的目連，連續死在釋尊圓寂以前，最後，摩訶迦葉以佛教團的領袖身分，擔任繼承人，不過，釋尊並不曾允許他一個人，或者也無意讓摩訶迦葉來繼承釋尊的佛法。

唐朝的禪宗風氣頂盛，當時，禪宗方面有一部經叫《大梵天王問佛決疑經》，其中很戲劇性地記述佛陀拈華示眾，迦葉尊者因了悟而破顏微笑的典故，留給後人許多故事。

「有一天，釋尊在靈鷲山向徒眾講經說法。只見釋尊默默地拈起金波羅華瞬眼一下（拈華瞬目），誰也不懂其中的含意。只有摩訶迦葉了解其意，一個人突然微笑了。此時，釋尊說道：『我有正法眼藏，涅槃妙心，實相無相，微妙法門，不立文字，教外別傳。囑付給摩訶迦葉。』」

佛經上僅僅這樣結論而已。這就是著名的「拈華瞬目」或「破顏微笑」的故事淵源。根據解釋，當時，釋尊把超越「正法眼藏、涅槃妙心……」這個用語的最終極教法，傳授給摩訶迦葉了。從此，摩訶迦葉才被看做印度佛教的第二祖。

禪宗裡，曾將當時的場面叫做以心傳心，列為修禪的最終極意思。不論如何，中國人總喜歡這一類萬世一統的理念。

從達摩傳到五祖弘忍，都是細脈相傳，不曾斷過，而禪宗的根卻也紮實地深入中國文化裡。

⑶、南宗禪與北宗禪

弘忍門下有兩位青年才俊——慧能與神秀。因為神秀在北方，而慧能在南方弘法佈教，故稱為北宗禪與南宗禪兩大派別。

當時，中國禪終於展開劃時代的進步。神秀的北宗禪，曾以胡北省、長安、洛陽和嵩山為根據地，逐步向外擴展。慧能的南宗禪，則以廣東省、江西省和湖南省為中心，逐漸向周邊擴大，兩派的宗旨有明顯的差異，不久，南宗禪形成統一特色，北宗禪反而後繼無人。

北宗禪揭示教學性的修定主義，南宗禪卻把達摩傳來的禪宗獨特性，更自覺式地發展出來。關於這一點，後人把北宗解為漸悟，南宗解為頓悟，表示兩者的區別。漸悟是指依坐禪，逐漸接近悟境的意思。頓悟是指由最先圓滿具備的悟性，突然呈現的意思。

佛的覺悟世界會赫赫顯現出來，如果從這一點來看，坐禪並非開悟所必須的手段，勿寧說，它是為了證明覺悟所在所必需的方法。

有人認同南宗為正統，反而把神秀看成異端，其實，教理的討論並非這樣單純。初期禪宗在坐禪方面，雖然看法不同，實際的情狀卻很接近。

如果從釋尊的坐禪來說，北宗應該叫做成道的坐禪，而南宗堪稱悟後或安居的坐禪。

⑷、慧能的坐法

慧能門下先後出現青原行思——石頭希遷的師資，和南嶽懷讓——馬祖道一——百丈懷海的師資。後世才有五家七宗的輝煌法燈，不久，禪宗總算發展成為中國佛教頗有代表性教團了。另外，有南陽慧忠、荷澤神會、永嘉玄覺等弟子，人才輩出，南宗禪風大為興隆。

六祖慧能原是一個樵夫，出生在廣東省新州縣。他跟世代書香子弟的神秀，出身經歷完全不同。

據說某日清晨，慧能上街賣柴時，乍聞一位僧人誦讀《金剛經》，他覺得頗有意義，也深有心得。這段經文是「應無所住而生其心」（人生不要被任何事物所拘束，應該生活無礙。）

於是，慧能把生活費用留下給老母親，單獨到林裡的寺廟出家了。當他二十四歲時，在該寺的僧侶勸導下，居然遠到馳名的五祖弘忍那裡。當他初次拜訪弘忍時，兩人有一段談話很有意義。

「你出身那裡？」

「我是嶺南（廣東省）人。」

「那麼，你來做什麼？」

「我想來參禪求悟。」

「嶺南人那有這種興致？怎能成佛呢？」

雖然，弘忍不把他看在眼裡，誰知後來卻由慧能把弘忍的頓悟禪大力發揚出來。

不久，慧能總算被他收在門下，殊不知慧能的道場卻不是正式禪房，反而在碓房裡。那是輾米的小房間，彷佛只能讓他充當肉體勞動的作業工人。

他前後大概做了八個多月的輾米工作，有一天，弘忍向寺裡大眾告示，要大家作詩偈，提出自己的修持境界。一向聲望最佳，被尊稱秀才的神秀，很快作完偈提出來。

身是菩提樹　心如明鏡台

時時勤拂拭　莫使有塵埃

這是神秀覺悟出來的妙境，深獲其他同修們的稱讚，以為他首屈一指，當然不成問題。誰知慧能卻有疑問。

原來，神秀那首詩偈的大意是：「身體坐禪彷彿菩提樹一樣，採用不動的姿勢，心境不要呈現黑雲，要像明亮的鏡子，常常小心地拂拭它，別讓塵埃沾上才好。」

慧能暗忖果然是這樣嗎？因為他的悟境另有一番風味：

菩提本無樹　明鏡亦非台

本來無一物　何處惹塵埃

依他看來，覺悟跟菩提樹是無緣的。明亮的鏡子價值跟裝飾毫無關係。如果明白其中的道理，那麼，那裡還有什麼塵埃可以拂拭呢？慧能這首傳法偈成為著名的偈文。

依大家的觀點說，神秀的詩偈好像略佔上風，事實上，完全跟眾人的看法相反，慧能的偈文獨占鰲頭了。

中國人一向喜歡對人評長論短，這段軼事也許出自中國人的手筆。縱然不是一件歷史事實，無如，這段故事倒也足以表現神秀與慧能兩位的坐禪觀，無異南轅北轍。

從神秀的詩偈裡，多少露出認真、嚴肅的精進姿態，充滿令人嚮往的魅力。慧能的態度正好成了對照，含有草根性格的吸引力，倒不是粗獷的意思，也令人產生苦勞的情懷與細膩感。

如果從表現的手法看來，慧能似乎無法超越某種實狀：「身體既非菩提樹，內心也不是明亮的鏡子。這樣的存在一無所有，到底那裡有塵埃需要拂去呢？」

因為神秀逐一累積，按部就班，表示某種健康的修定態度，而慧能卻打出「本來無一物」來對付，全力出擊，這種構想的轉變與突破，的確非同小可，功力十足。

不過，慧能的想法如果走錯一步，極易用老莊思想來衡量事物，這反而形成他的弱點，讓人湧起緊張與迫促感。所以，神秀的觀點可以說貫通印度佛教，沿襲禪定思想的傳統。慧能卻將傳統性禪定思想，透過中國人的草根性感覺，重新編組成一套東西。

⑸、平常心是道

慧能的禪道靠一群弟子踏實修練後，總算被大家接受了。南嶽懷讓跟弟子——馬祖道一有過極有價值的對答，這個消息被傳頌一時。該文如下：

且說道一每天熱心打坐。師父懷讓看見道一的素質不同凡響，有一天，師父問他：

「你每天這樣認真打坐，到底為什麼？」

「我想開悟。」道一答說。

懷讓聽了撿起腳底下一塊鬆動的磚頭，走到旁邊的石頭上用力磨起來。

道一好奇地問道：「師父幹什麼呢？」

「我想把它磨成鏡子。」懷讓答道。

「不論怎樣磨它，磚頭那有可能磨成鏡呢？」道一說。

此時，只聽懷讓說道：「不錯，不論怎樣認真打坐，也不能開悟的。」

道一問道：「既然這樣，那要怎麼辦呢？」

懷讓說：「譬如有人搭坐牛車，車子走不動時，到底猛打車子，還是猛打牛隻呢？」

道一頓然無話可說了。

懷讓才趁機開示：

「你到底在學打坐呢？還是學坐佛呢？如果學打坐，禪的形式是不論行、住、坐、臥。如果學坐佛的話，佛的定相是無窮盡，坐在無住的法上，應該放掉取捨選擇的心。你想像中的坐佛，也許不久會成為殺佛了。如果執著坐相，恐怕達不到那個理了。」

道一聽了才恍然大悟。

當然，坐禪必須專心一意，不過，為了想開悟成佛，才來拚命坐禪的想法，無疑是不對。

慧能坐禪不執著，不拘泥於修證，可見慧能正確地繼承禪的根本思想。慧能也像神秀一樣專心坐禪，但他坐禪倒不會物慾性地期待從打坐中開悟，參入佛境。慧能的觀點真正超越神秀的理念，堪稱稍勝一籌。那是依據《金剛般若經》而來的無所得，和無一物的禪思想。

馬祖道一確立了這套坐禪觀，就是所謂「平常心是道」。意指日常生活裡，不論行、住、臥、吃飯和喝茶等，統統屬於佛的覺悟。這句話所表現的觀念，成了後來貫徹禪宗思想的根本命題。

馬祖的弟子——百丈懷海，在日常生活裡始終懷著一項信念：「一日不作，一日不食。」意思說，每天的勞動或作業，也跟坐禪一樣，都算是修行之一。

禪宗寺廟都很詳細規定一天、一日和一年的諸項行事，以及修行方法，這叫做「百丈清規」，成了禪宗教團的規則。

有人問百丈禪師：「如何是奇特事？」（世間最可喜的事情是什麼？）他毅然答道：「獨坐大雄峰。」（在山裡獨自坐禪也）。

那是何等殊勝！何等氣概！

第三章　日本佛教的坐法

(一)、諸位禪師的坐像

(1)、鑑真禪師的坐法

諸位禪師對於日本佛教的發展有極大的影響，他們都以坐像來代表自己的形象。

鑑真禪師的木像呈現閉目微笑，端身正坐。從藝術眼光看來，這是頗有價值的佳作，極引人注目。本來，當初的造型僅想供人禮拜而已。

鑑真圓寂以後，凡是跟他那門法系有關的人，都很仰慕他昔日的風采與姿態，到今天仍然採用當時的坐像，放在禪堂供人祭拜，可見那是獨出心裁的造型，那種心態實在令人懷念。

鑑真大師曾經住過揚州的大明寺，那裡存放一幅鑑真的像，不過，那是模倣唐招提寺的舊像，重新塑造出來的。他平日接受中國百姓的敬仰，香煙繚繞中展現慈容。

鑑真的坐像是由於特別令人懷念而出現的造型。

鑑真原來出生在揚州，俗姓淳干，中國籍。他的父親是佛教徒，自幼受到父親的影響才去出家。道宣法師精研中國佛教的戒律，他的直系弟子——道岸法師是鑑真的師父，所以，鑑真先向道岸學習戒律，之後，又向天台智顗的灌頂弟子弘景研究天台學。

在唐玄宗時代的佛教界，鑑真是有名的戒律大師。日本的榮叡和普照為了要把戒律傳到日本，特地渡海到中國，並在揚州大明寺跟鑑真會晤，把自己的來意說明清楚。鑑真發現座下沒有適宜人選可以去日本，才決心到日本去傳戒。當時，鑑真已經五十六歲了。

他在海上航行失敗過五次，但他毫不灰心，直到第六次才好不容易搭上日本遣唐使節——藤原清河的船，到達鹿兒島縣阿多郡秋妻屋浦。那是日本天平勝寶五年（西元七五三年）的往事，屆時的鑑真大師高齡六十六歲了。據說由於十一年的長期辛勞和旅程的屢次挫折，害得他的眼疾轉烈，以至於失明了。

他即刻前往京都，四個多月後，在東大寺的大佛前建造戒壇，向聖武天皇以下的道俗授戒了。

這座戒壇依據道宣法師的《戒壇圖經》，充分表現菩薩的三聚淨戒，而建造三層的壇座。所謂三聚淨戒是，攝律儀戒（不做壞事）、攝善法戒（做善事）、攝眾生戒（利益眾生），發誓要實踐以上三戒。

據說在第三層的戒壇上，講述《法華經》，設置多寶塔，塔裡供奉釋迦牟尼佛和多寶佛並坐的像。

在印度佛教的傳統戒律方面，《法華經》的菩薩思想是大乘佛教的代表經典，綜合上述的戒律思想，是由那位集四分律宗的大成者——道宣法師建立起來。

傳到日本的戒律，一開始就統合大小兩乘。

鑑真也攜來許多天台宗的典籍，傳教大師最澄誦讀鑑真帶來的佛典以後，也決心要去唐朝的中國求法，準備研究天台宗的未來，這樣，總算牽引最澄大師開創大乘佛壇的動機。

西元七五九年，鑑真建立唐招提寺，成為戒律的道場，也是律宗的總部，法燈一直流傳到今天。鑑真對於後來的日本文化，功不可沒。

天平寶宇七年五月六日，鑑真結跏趺坐，面向西圓寂了。

平時鑑真曾經向弟子們表示自己的心願，說道：「我臨終時希望坐禪死去。」果然如他所說，自己預知死期，面向西方端坐入滅了。

由此可見，今天所見的鑑真像，正是他平時坐禪的姿勢，也恐怕是他快要臨終的造型。

如眾所周知，釋尊的涅槃像常常呈現橫臥的姿勢。當然，也有些學者懷疑當年釋尊入滅時，果真採用這種睡姿嗎？殊不知傳承的可靠性也不易拋棄才對。

釋尊涅槃像的造形，勿寧說，也蠻接近一般人的死，讓人感受某種親近與安靜。但是，中國的佛學者卻愛說「坐脫立亡」，意思是坐著斷氣，或者站著斷氣，似乎變成理想化了。從《高僧傳》裡，發現至少高僧大德的傳記資料，都屬於這種死亡情狀。

這也不能說大德們厭憎人生，而是表示自己死時仍然實踐佛的教誡，象徵修行的尊嚴，而坦露自己的姿態。照這樣說，這可以說是中國高僧大德選擇的死亡哲學。或者希望長生不老，往生到另一個世界，透過這種神仙思想來進一步強化自己的願望。

也無疑表示自己要永遠跟常住佛的壽命連結起來，跟多寶佛塔的象徵打成一片。反正鑑真大師一直以這種坐禪造型留傳下來，今天仍然栩栩如生，令人敬仰。

⑵、最澄大師的坐法

總的來說，開創比叡山的最澄，始終被畫成一副坐禪姿勢。只見他頭上用頭巾包裹，身上披著袈裟，手結法界定印，閉目呈結跏趺坐。

這個造型無疑是在日本開創天台宗的大德坐像，很符合天台止觀的坐法，各方面看來都很適合。

最澄，俗名三津首廣野，出生在近江國（今滋賀縣）滋賀郡古市鄉（大津市），十二歲就進入近江國分寺，向大安寺行表學佛。十九歲時，獨自進入日枝山裡，加強自己出家的信念與決心。二十歲時，在東大寺戒壇院接受具足戒後，又回到山裡，雕刻藥師如來像，放在堂上供奉，自稱為比叡寺。這座木像至今仍然保存下來。據說他當時起誓和誦讚：

請阿耨多羅三藐三菩提的諸佛加被我立杣——

後來，他建造藥師與文殊兩座佛堂，和藏經閣，而改稱一乘止觀院。這座寺號是把天台學的教觀兩門合併起來的命名，藉此表示最澄佛教教學的方向。

西元七九四年十月，平安遷都的計畫實現了。桓武天皇在羅生門的兩側建造東寺與西寺，把比叡山的一乘止觀院，配合新都城的鬼門鎮護。希望最澄能夠開創新時代，早日實現佛教的使命。

數年以後，舉辦天台智顗大師的忌日（五九七年十一月二十四日）法會，以後叫做法華會、霜月會，而變成了一年的例行法會。

最澄曾經跟一群南部的學僧討論宗論，之後，天皇發現最澄的佛學造詣果然非比尋常，才派他去中國留學，要他一年後返國。延曆二十二年（西元八〇三年），他搭乘遣唐使節的船隻渡海了。奇怪的是，最澄搭乘第二艘船，而第一艘船上居然有空海在內。

最澄到了天台山，親自求教天台宗第六祖——湛然大師的弟子道邃法師，接受天台止觀與菩薩戒，又向行滿法師研習法華圓教。他在越州向順曉寺人學到密教。又從禪林寺的翛然法師那裡參習禪宗了。翛然法師出身天台宗，據說他也精通黃梅縣牛頭山的禪宗。

最澄因為入唐求法，才傳承到圓、密、戒、禪等四宗，在最澄攜回來的目錄裡，也包括天台智顗所用的禪鎮等。

最澄回到日本後，主張把自己剛學來的天台宗列為優先，結果，跟南都諸宗的學僧們展開一場論爭。其間，他似乎深深地自覺要脫離南都的戒壇，另外設立獨立自主的大乘戒壇。

他提倡在比叡山接受大乘戒，分成止觀業與遮那業兩種課程來研習佛學。止觀業的課程，包括《法華》、《金光明》和《仁王》三部經，而遮那業的課程包括《大日》、《孔雀》、《守護》等三部經。依照他的計畫，準備十二年住在山裡學佛，培養一批國寶、國師和國家可用之才。這項教育時間相當於現在的六、三、三制，直到高中畢業為止。

最澄真是一個老實人，他的信念也很紮實。據說他年輕時代也在山裡坐禪修持。在論戰裡不分晝夜，有時也坐禪閉目養神。

長期間，他想把自己在天台山的禪宗聖地學來的佛法——平時憧憬的天台止觀那套哲學，移植到日本這塊土壤裡。在最澄的心目中，那種坐禪法最恰當不過了。

在鎌倉時代，榮西和道元兩禪師離開比叡山，下山來發揚禪風，如果正本清源，他所孕育的東西，可以說包括最澄那種前瞻性的創意功力，和突破核心來理解佛教的正確作法。

但是，日後回國的空海大師帶回密教，一時如日中天，讓最澄的光芒受到巨大的影響，結果跟當初的計畫脫離，而陷入某種無法滿足的焦迫感裡，因為光靠天台止觀和法華學不能滿足社會的需要了。

比叡山的道場上彌漫這種氣氛，後來，比叡山的道風由圓仁、圓珍和安然等弟子們繼承，反而給予天台密教的形成帶來一大轉機。

比叡山在全盛時期，被稱為「三塔十六谷」的延曆寺，有三千多座僧房，可謂氣勢宏偉、威震四方。最澄在延曆寺根本中堂所點燃的法燈，一千多年以來，在悠悠歲月、滄海桑田中，從未熄滅。

最澄的大半輩子都在辯論中渡過，這種生活方式好像跟那位集天台止觀之大成的智顗不同，因為前者每天享受在坐禪三昧裡，清淨無憂。

最澄自己無法完成的夢想，可以說留到鎌倉時代，才好不容易由榮西與道元兩位禪師來實現了。

⑶、空海的坐法

最澄的勁敵——空海，通常被描畫的坐形是，右手拿金剛杵，左手數佛珠。好像最澄、圓仁、圓珍等幾位初期的天台僧眾，被描畫的坐禪像，全都在結法界定印，若跟空海相比，嚴格說來，前者簡直不是坐禪的姿勢。

空海生於香川縣多度津郡的屏風浦，他那一族出了不少佛教僧眾。圓珍禪師也是其中之一。十五歲時，空海前往三論宗的學僧——石淵寺的勤操門下，接受虛空藏求聞持法，之後到阿波的大瀧嶽山頂，和土佐的室戶崎修持這種法了。空海遊歷了四國，這些事跡以後成為一種習俗，列為西國八十八所的遍路巡禮。

勤操法師奏啟天皇，央求天皇准許空海去中國留學，獲准之後，他才跟最澄一樣，搭上遣唐使節團的船隻到唐朝去。他們在福州登陸，進入長安，青龍寺的惠果法師傳授他金剛界、胎藏界等兩部密教。這是很正統的密教，從金剛智——不空——惠果——空海傳承下來。

當時，惠果法師六十歲，空海才三十二歲。據說惠果只向空海一人傳授密教的奧妙法義。而沒有傳承給其他弟子。

在長安，空海遇到幾位外國僧侶，例如，般者三藏、牟尼室利三藏等人，學些印度方面的資訊與梵文，另外從不空的弟子——曇貞法師那裡學到梵文字，也從韓方明那裡學到書法。

當初，他本想留學二十年左右，但是，師父惠果圓寂後，他暗忖自己達到了求法的目的，乃攜同另一位同修——橘逸勢一起回國。

空海在太宰府的觀世音寺停留一陣子，之後，他進入槙尾山，並曾在高尾山向最澄等人，授予金剛界和胎藏界的灌頂。

這段期間，最澄與空海兩人的書信來往頻繁，直到今天，他們的書簡以「風信帖」的方式放在東寺裡妥善保管。

尤其，嵯峨天皇有書法的二聖之稱，他在桓武天皇崩御以後，才得以即位，但他馬上倚重空海，選在高尾山神護寺，要他用新來的密教祈願國泰民安。於是，高尾山才成為空海的新佛教中心。

最澄一直跟南都的學僧們論戰不休，無一寧日，而此時的空海大師反而跟一群弟子在山裡享受靜寂之樂。而且他跟最澄的作風不同，跟南都反而保持極友善的關係。

當最澄想在比叡山創立大乘戒壇時，空海卻在高野山進行開創計畫。大約三年左右，佛堂佛塔紛紛竣工。據說此時，空海作了伊呂波歌，要求工人們合唱。

之後，他前往東國，把二荒山改為日光，受聘到讚岐國去指揮萬農池的土木工事。他在東寺與東大寺祈禱除災和國泰民安。以後，嵯峨天皇把東寺賜給空海，成為真言宗的本山，稱為教王護國寺，變成護持國家平安的祈禱處。

有人把天台密教叫做台密，而空海的密教叫做東密，淵源於此。

據說空海回到高野山，在真言宗道場結跏趺坐圓寂了。

那些信仰大師行誼，和高野山靈跡的信徒，都相信空海至今仍然在高野山的深院地底下入定。

空海說即身成佛的密教思想，旨在教示我們具備肉體的凡夫，也能照樣以此身成就佛道。

雙手結印，口念真言，心裡觀念兩部曼荼羅，加持身、口、意三密，當場可使現身變成佛的身心，這種密教的教義成為即效性頗強的佛教信仰，很受老百姓的歡迎。

如果用善意解釋，空海的教義是要儘量相信人類具有的佛性，可以說肯定人類的潛力可以通行無礙，不可限量。

不過，這種理念相反地也有危險性，就是好好壞壞混淆一起，不分正邪與善惡。

鎌倉時代出現的新佛教，有一群祖師異口同聲猛烈指出，這種密教含有單方面的危險性，就是跟釋尊原來的佛教脫節了。

縱使是很究竟的教理，殊不知那種修行法也不是任何人一有自覺，就能立刻開始修行的。那種修行法是道行高深的僧人，住在寬闊的寺廟之佛堂和高塔深處秘密修行。不說別的，光是具備兩幅曼荼羅的圖像，和修行用的法具，就要花費巨資，不是普通信徒所能做到的。

密教的利益，要靠那些有驗力的修行者，以及崇信這種行法才能受用或得到。一般信仰佛法的人，不可能直接實踐這套修持法的。

法然和親鸞上人的南無阿彌陀佛，道元禪師主張只管打坐，日蓮聖人專注南無妙法蓮華經，他們的理念與修行法都跟密教迥然不同。

不論如何，空海大師的坐像是，腳呈正確的結跏趺坐，但見他的手不結法界定印，反而含蓋各種印契，口不是把舌頭抵觸上齶，而是唸唱真言和陀羅尼，心不是無相，心版上描畫兩幅曼荼羅的成長，與秩序的表裡世界。

天台止觀和道元所設想的坐禪姿勢與心態，無疑跟空海那一套不同。

事實上，關於空海的坐姿也值得記載和參考。

⑷、圓仁與圓珍兩位禪師的坐法

空海的密教如火如荼地展開，最澄的密教反而顯得衰弱無力，比叡山的教團拚命要迎頭趕上，在圓仁與圓珍的努力下，才好不容易驅除了自卑感，成就了獨立的場面。那就是顯密兩教的一致主張。

釋尊與大日如來是一體的存在，他們認為《大日經》、《金剛頂經》、《蘇悉地經》等密教的教理，跟《法華經》的教理都是同一位教主所說，彼此沒有優劣與高下的區別。

天台止觀的教理是涵蓋密教，重新組合起來，這是天台密教的最大特色。空海的密教一面以華嚴教學做背景，一面在以後才主張密教優先，這是雙方不同之處。

圓仁禪師寫一本《入唐求法巡禮行記》，在唐朝求法將近十二年，書裡記錄了唐武宗會昌毀佛運動的有關情況，並對九世紀中國的社會風習進行了詳盡描述。對中國文化各方面都很關懷。

他不但關心禪宗，也從俗家人的立場研習佛心宗，在《將來目錄》裡也有若干禪宗典籍被帶回來。

雖然，圓仁沒有得到官方允許，不能進入天台山，但他卻到五台山華嚴寺，向志遠法師研習天台止觀。回國以後，他建造一座專用來實修常坐三昧與常行三昧的道場。

圓珍在唐朝求法六年，帶回不少以密教為主的經典，其中也有不少禪宗的文獻。他攜帶回來的禪宗文獻，僅就這一點來說，無人出其右。尤其，以馬祖道一、百丈懷海，以及南宗禪的典籍最多。另外，在圓珍的著述裡，幾乎都引用六祖慧能的宗旨。

圓珍的流風所及，在後代三井寺的寺門系統天台學裡，日本的禪宗所以能夠抬頭，也可以說根據圓珍這種態度和作風所致。

圓珍除了確認天台止觀，和最澄宣揚的牛頭禪等實質以外，也很注意禪宗的動向與文獻。不過，圓珍面對的課題，係在如何確立天台密教？雖然，後來靠榮西等人的努力，才能給予圓珍的禪宗觀高度的評價，然而，圓珍本人至少沒有如此自覺。天台止觀在禪宗方面的評價，被看成最近的產物，也是靠榮西的努力才得以如願。

⑸、源信的坐法

最澄大師死後，一直以開展天台密教為主軸的比叡山，在惠心僧都源信的時候，才得以大大地轉換方向。這種轉換是從密教轉到顯教，尤其轉向淨土教方面。

源信（九四二～一〇一七年）生於大和葛木郡，幼年失父，由慈母扶養長大。他在夢中感覺自己做了慈慧大師良源的弟子，住在慧心院，任教天台學。之後，他進了橫川首楞嚴院，專心放在著作方面。

源信的師父是良源，他喜歡論議。論議是把問題的焦點攤開來。在內堂裡公開討論決定。密教也沿襲傳統不允許這樣做。

源信送書法給中國天台學會的代表——四明知禮，呈上有關天台宗旨的問題二十七條，對方也給予回信。中日兩國的天台學術來往很熱絡。據說宋朝的佛教界稱讚源信為「日本的源信如來」。

他後來寫成的《往生要集》也送去中國，四明知禮讀完後，不得不再三檢討自己的教示，結果，才完成獨自的天台淨土教。

尤其，源信的天台學有一個特徵，跟以往他們重視密教的方向不同，因為他有意回歸天台學的原來基礎。他鑽研佛學的基礎——《俱舍論》（佛教論書，由印度世親所著。對一切有部學說進行整理與改造，被推崇者稱為佛法知識寶庫，學習佛法必讀之書。），大力研究佛教論理學，也很重視以天台三大部為主的教理學。

同時，透過臨終行儀和念佛等實踐項目，可見他在淨土教學方面有極大的成就，由《往生要集》裡不難看出這些證明。

後來，中古天台本覺法門的諸多文獻，假藉源信的名義出版，他們強調密教，以即身成佛的思想為基礎，其實，源信的著述裡也探討這種思想徵兆，源信並沒有前代大師——圓仁、圓珍和安然等人所強調那種正式性的密教。

由此可見，在源信的天台學裡，存在他著述《止觀坐禪記》成立的理由。題名很明白指出，他強調止觀的坐禪，根據《法華經》而來的天台止觀法的原型，開章明義被指出來，立場很明顯。

但是，他引用了一行禪師和安然禪師的論點，強調「一念的心性與真如」，「本具的理心」、「靈知的一念」。可見天台密教的影響有多大。

不論如何，幸賴源信的努力宣揚，天台止觀的正確性才得到正視，和頗高的評價，也能從密教的禪定轉到止觀坐禪方面。

這個事實相同於源信的淨土教引出法然的淨土教，因為他也引出榮西大師的禪宗，這些都不能等閒視之。

(6)、榮西的坐法

榮西（公元一一四一～一二一五年）跟法然一樣出身岡山縣，也在同時代活躍於日本佛教界。這個事實不得不歸諸於因緣的妙不可言。榮西宣揚禪宗，而法然在宣揚淨土教。

榮西到宋朝留學兩次，但他第二次到中國求法時，卻從虛菴懷敞傳到黃龍派的臨濟禪。建仁二年（西元一二〇二）他開創建仁寺，倡導佛心宗。

依照榮西的想法，禪宗不是特別新奇的玩意兒，相當於比叡山的傳統而已。因為最澄、圓珍、安然等高僧大德所認同的禪宗，眼前正在消失，所以，他有意把它復興起來。他確信比叡山的傳統所照耀的禪宗，一定會在歷史上恢復或振作。

榮西擬定禪宗寺院的行儀和威儀作法，確立的修行法以四時坐禪為中心。尤其，規定從四月十五日起到七月十五日期間為夏安居，而從十月十五日起到元月十五曰之間，屬於冬安居，他說冬和夏的安居儀禮在日本斷絕很久，不過，這是佛法的命脈，應該要實行。

榮西說，要把宋朝禪林的作法，搬到建仁寺，用天台止觀的背景來襯托禪宗的坐禪，這些是比叡山無法看到的盛況。但也要建造止觀院、真言院和轉藏等佛堂，日本佛教的慣行也會留存下來。

他跟重源、俊芿和公胤等人的交往密切，一輩子也跟南都地嶺的佛教結了極深的緣。

⑺、明惠上人的坐法

大約同一時期，栂尾高山寺的明惠上人——高弁（公元一一七三～一二三二年），被稱為華嚴宗中興之祖，也跟榮西有深厚的交情。高弁留下很著名的樹上坐禪像。他也是很熱衷於打坐的高僧。

高弁是一位華嚴宗的高僧。誠如宗密的《禪源所詮集都序》上說，華嚴宗一直非常關心禪宗。另外，宗密也在《圓覺經首場修證儀》裡，把天台止觀脫胎換骨，使《圓覺經》的修行法成為一套體系。這可以說是法藏在《起信論義記》裡，重新評估一向被人重視的天台止觀。

高弁曾經說，根據華嚴學的傳統，才鍛鍊成一套獨自的坐禪觀。他把前夜的夢境記錄組合起來，對自己的生命懷有一股強烈的關心，這種表態頗令人注目，也許這份體驗跟他的坐禪相通？

「阿卡阿卡呀阿卡阿卡呀阿卡阿卡呀
阿卡阿卡阿卡呀　阿卡阿卡呀月」

這首馳名的歌由高弁親口唱誦出來。他很可能倣效法藏的表達方法，因為法藏曾經把玄玄玄玄玄等玄字重疊，藉此表達華嚴三昧的世界，而高弁卻用日本的和歌來表達自己的感受。

好像頭昏眼花的情狀，雖然很難引人注意，不過，這種風光比較適宜華嚴所講的法界觀打坐。

華嚴宗的根本經典是《華嚴經》，它假設釋尊成道的場所，談論釋尊的悟境——覺悟的真正心跡。

那是一個萬里晴空，沒有半點兒黑雲的光明世界。縱使天上有月亮，那也無疑接近暑夏的烈日，萬道金光。

高弁是一位生性激昂、頗有骨氣的大德。他猛烈反對法然上人的淨土教。他根本不向當時的有權有勢者諂媚。

他為了克服內心的情慾衝動，竟敢自行削掉耳朵，克制修行。他眼裡的世界不是一個只有純光的世界嗎？

㈡、只管打坐的坐法

⑴、年輕氣盛的道元禪師

道元（西元一二〇〇～一二五三年），人稱永平道元。三歲喪父、八歲喪母。十三歲時，才去投靠一位天台僧——良顯——相當於母親的叔父，表白自己出家的志向，同時在天台座主公圓禪師門下得度受戒。

大約一年後才離開比叡山，據說他下山的理由是，走訪三井寺的公胤表白幾項疑問。這些疑問是這樣：

「顯密兩教都在談論，萬物原來都具備法性，天生是法性之身。倘若事實如此，那麼，三世諸佛到底為什麼要發心修行，求證菩提呢？」

當時，幾乎所有日本人都知道人天生即是佛。他們信受自己天生可以成佛，那是自己與生俱有的生命存在，只有肯唸唱「南無阿彌陀佛」、「南無妙法蓮華經」，那麼，自己也能即刻實現諸佛證明的境界。

以密教的教義做背景，依靠源信的淨土教才得以扭轉新方向的理念，不久，被人叫做中古天台本覺法門，直到它釀成新的佛教信仰形態為止。

不消說，明快地談起本覺這方面的話，出自《大乘起信論》。該書是始覺的根據，而始覺與本覺以不離不即的關係形式成套表示。《起信論》指示心的真知，心的生滅，就是說佛所證明的覺悟真狀，與眾生迷妄的現實等兩面存在，讓大家對大乘起了信仰心，企圖誘導他們一心追求佛道，得到證悟。意思是：

任何難救的迷妄現實（生滅），只要回頭看明白苦的實狀（始覺），和自己原來具有覺悟的潛力（本覺），那麼，誰都能接受佛菩薩的教誨（用薰習），自己也能恢復心的本性（真如）。歸根究底，無疑要人們相信人類具發展的無限潛力。

《起信論》本身，可以直截了當對治許多錯誤的想法，例如，邪執、分別發趣道相、修行信心分等方面，有人僵硬地看待真如與本覺的真諦，而後斷然表示修行無用。其實，在本覺法門方面，實體地見到自己內心具有的真如和本覺的道理，只要一心一意信受這套理念，就算足足有餘，以外的修行反而帶來麻煩，這是該書的主張。

當然，這種本覺思想所以能夠形成，自有它相應的理由。因為他很重視空海強調的「即身成佛義」，《起信論》和《釋摩訶衍論》，另外，也重視華嚴宗的《圓覺經》，及其所依據那套本來成佛說，天台密教方面的《蓮華三昧經》（本覺讚）、《法華經》的龍女成佛和惡人成佛，在信仰觀音方面，只要肯一稱、一念、一禮，就能解除七難（十二難）、三毒與二求，也就是「即得解脫」的信仰，這些以平安末期的貴族社會為中心，後來才慢慢形成本覺思想那種簡易的教理。

不料，年輕的道元卻很懷疑這種想法，雖然很重要，到底是不是究竟解脫呢？

這樣一想，釋尊如此苦心積慮才恍然大悟，那到底是指什麼呢？達摩面壁九年，打坐這麼久才傳授給二祖慧可，它到底是什麼？歷代諸佛諸祖都在打坐，到底想要傳承什麼呢？倘若只靠一念信解，就想得到收穫，那又何必要這樣辛苦和漫長的修行呢？

乾脆切斷昔日的理念，回歸釋尊當年的教誨不好嗎？道元認為應該回到達摩那種修行的幹勁才對。他甚至以為早日讓釋尊的坐禪，或達摩的面壁打坐活躍起來，才是實踐佛法的真正捷徑。

道元這種理念和見地，在榮西領導下的建仁寺裡，他一面修學、一面將自己的理念明確化。他在建仁寺前後待了九年，包括他求法回國以後，又在該寺掛單三年左右。

⑵、道元和如淨法師相聚

道元年輕時對當年的佛教抱持若干疑問，也有自己的見地，到了二十四歲，他偕同師父——明全一起到中國宋朝求法。結果，他們在天龍山遇到如淨法師，收穫甚豐。

他從中國求法回來寫一本《寶慶記》，其中明白記載當時的想法和疑問，而如淨法師也給予親切的指點。由此可見，道元求法的特性，以及回國後肯專心著作的動機何在？

特別引人注意的是，他記述有關打坐的方法，以及實際的修行生活裡應該注意什麼？這一點如果跟下面的內容比較和對照的話，情況會更加鮮

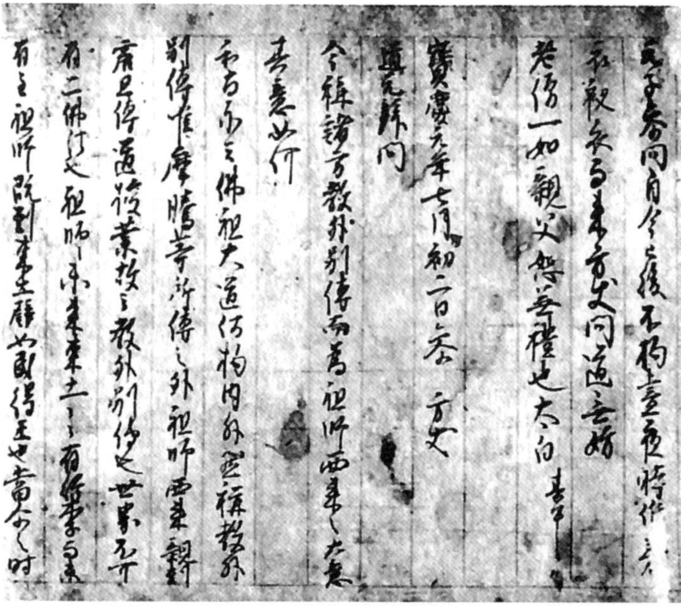

最古本的《寶慶記》

明。那些資料包括圓珍的《授決集》，源信與四明知禮之間的來往信件，比叡山的諸位法師希望中國方面能夠解答那些疑問。這叫做「唐決」。

唐決資料始終在探討若干問題，例如，怎樣理解每一項基本教理和曖昧的教義內容？當然，道元與如淨的問答內容，也包括教理問題，不僅這些，勿寧說，最多的是，打坐時的手腳如何安置、眼睛的處置、堂內怎樣步行？布襪子的穿著法等，都是修行生活的細節，和見聞記錄。

這種求法態度，跟本覺法門那套一念信解的佛教立場正好相對。這樣看來，道元跟昔日那種氣氛與心理性質的信仰生活分道揚鑣了。

依照他的見解，佛教的正確性，完全放在每個人的日常生活裡，必須可以實踐和檢驗，他說：「每個人雖然都有豐富潛力，如果不去修行，也照樣發揮不出來。」這項結論非常正確，自然成為他的信念。

從早晨起床、洗臉，如廁、洗澡、飲食操作開始，他都有一番仔細的教訓，甚至到佛堂上怎樣起坐進退等生活細節，都是佛家的舉止修持，屬於佛教的實驗項目。所謂「永平清規」的制法，無疑繼承中國禪宗的傳統。

(3)、只管打坐

由此看來，在禪宗寺廟的修行生活裡，打坐才是基礎。只有正常打坐，才能證明修行生活正確無誤。這種坐禪生活，道元叫它「只管打坐」。

一談到「只管打坐」，到底指目不斜視、一心不亂去坐禪呢？還是埋頭坐禪就好呢？一般人的理解方式也許不盡相同，事實上，那是指坐禪的實踐之意。姑且把念佛誦經擱在一邊，只管坐禪好了。

表面上看，道元這項主張沒有什麼特別意義，殊不知還是非常重要。例如，榮西的坐禪，包括止觀院、真言院和藏經閣等處的諸種修行。坐禪儘管不一樣，卻也兼備天台密教的修行法。這一點好像也跟源信的《止觀坐禪記》相同。

而且，在比叡山《法華懺法》裡的諸種行法，也包括坐禪的作法，甚至配合念佛、修懺、看經、禮拜等諸行，這些都屬於法華懺法的行事之一。

然而，道元卻不理會念佛、修懺、看經和禮拜等行，叫人只管打坐，這是從如淨法師那裡學來的秘法。道元的坐禪跟日本歷來流行的坐禪不同，因

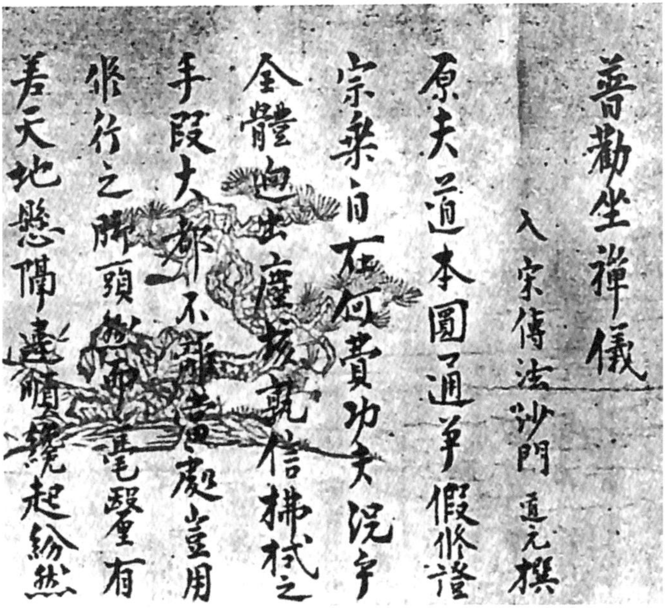
普勸坐禪儀
入宋傳法沙門　道元撰
原夫道本圓通爭假修證
宗乘自在何費功夫況乎
全體迥出塵埃孰信拂拭之
手段大都不離當處豈用
修行之脚頭者然毫釐有
差天地懸隔違順纔起紛然

《普勸坐禪儀》

為他讓打坐單據成立，集約在打坐這一行事裡。

當然，為了實踐這種坐禪生活，就需要像樣的禪堂了。道元最先把坐禪用的連套長床和椅子傳到日本來。

道元在二十八歲回國，前後在中國留學五年。他一回國立刻撰述《普勸坐禪儀》。所謂普勸，意思是不問道俗、不擇男女老幼，奉勸所有的人都要懂得坐禪法則。留傳到今天的親筆書，屬於四六駢文體，筆調雄勁有力。

書裡談到坐禪的意義，仰慕釋尊和達摩的坐禪，他記述自己也能身心脫落，呈現本來面目，遇到真佛，感動得難以形容，所以，他才勸大家要享受坐禪的益處。

其次，談到打坐方法，關於腳的組合，法界定印的上下法則。這段跟上述的「厚敷坐物、上用蒲團」、「目須常開」不一樣，其他則跟天台止觀的坐法相同，將它歸納起來的內容。

縱使坐法完全一樣，無如這種坐法的盛器，不是天台止觀，而是禪宗的旨趣。後段談到達摩、百丈懷海的禪思想、五家禪風的傳統，和打坐的真諦。雖然，他沿襲天台止觀的坐法，但不是源信那套「止觀坐禪」他打出「只管打坐」的坐禪口號，旨在讓人有面目一新的感覺。

道元寫完《普勸坐禪儀》以後，十年裡又寫一本《正法眼藏坐禪儀》。

對於道元來說，坐禪是非常重要的，從他的著作裡看得出來。

關於《坐禪儀》的坐法，主要敘述修行者開始坐禪以前，有若干點需要注意，但卻沒有提到坐禪結束時的注意事項。

道元禪師的《普勸坐禪儀》有二種，一是禪師親筆所撰的，另一是流布本的。現今，禪師親撰的《普勸坐禪儀》已成為日本的國寶。

⑷、坐禪的終極意義

不過，其中記載一段極重要的坐禪要旨，那是《普勸坐禪儀》上沒有記述的問題。

結語談到調身、調息和調心：「像這樣調整身心，應有欠氣一息。」接著，記述坐禪的究竟意義，才做為書的結束。

兀兀坐定，思量箇不思量底。不思量底如何思量，這是非思量。那就是坐禪的法術。坐禪不在習禪，而是大安樂的法門，不染污的修證。

這一段足以表明道元那套坐禪的核心。之後，他在《正法眼藏坐禪箴》裡，開宗明義揭示這段公案，配合南嶽磨磚話，而專心提倡坐禪的旨意。

這段公案是藥山惟儼的話。惟儼（西元七五一～八三四年）是一位傳承曹洞宗禪風的祖師。就是從六祖慧能——青原行思——石頭希遷——藥山惟儼，可見惟儼也是曹洞禪的傳承者之一。

這段公案的原型如下：

有一天，惟儼在打坐時，一位僧人問道：

「你一直坐著不動，到底在想什麼？」（兀兀地思量什麼）。

「正在思考無法思量的事情。」（思量箇不思量底）惟嚴回答。

「既是無法思量的程度，又怎能去思量呢？」（不思量底如何思量）。

「超過思量。」（非思量）。

道元說，這段問答所提示的意思，才是真正打坐的關鍵。意指坐禪不要很高明，也不要習慣（坐禪不是習禪）。不能只顧盲修瞎練，也不能一心一意想開悟（不染污的修證）。這種力氣與思慮從身心掉下來，深深地優游在安靜的樂趣裡，才是坐禪的真諦（大安樂的法門也）。

可見道元對於打坐的理念，跟上述六祖慧能那種無一物的坐禪，以及南嶽懷讓所謂不染污的坐禪緊緊相連著。一群禪修者要自己透過坐禪，之後互相溝通和認同才好。

然而，藥山惟儼所謂「兀兀坐定，思量箇不思量底。不思量底如何思量，此非思量。」這項打坐法術正好跟《摩訶止觀》所說《觀不思議境》是雙胞胎。

不思量是不思議的同義詞，思量與思議也表示在思考，指各種考量和忖度。觀是指諦觀，很清楚地觀察，跟思量也沒有差別太大。底也是境的同義字，兩者都表示事物的存在。

當道元選擇坐禪這一門修行時。難道也在認同天台止觀那種坐禪觀的卓越地位嗎？或者依他所見，惟儼的坐禪觀裡，也有若干處跟天台止觀相通。不論是否認同這一點，如果要探究打坐的本來姿勢，那麼，我們可以說他們不期然地站在相同的立場了。

誠如前述，天台止觀教示修禪者在打坐時，要把逐一呈現的諸種境界，諦觀成不可思議的事物，或緣起性空的情狀。其實，惟儼和道元也把這些不思量的存在加以思量。當然，那是兀兀打坐的場面所碰到的事情。

天台止觀的教示是，三諦要一心三觀圓融的道理。它指出一心是一切法，而一切法即是一心，宜要用這種心去體驗和通達非縱非橫的不可得境界。惟儼說這是非思量。事實上，不論「無一物」或「不染污」都一樣，不外要修禪者思量地實踐生命的實相。

然而，惟一可以超越思量者，也只有思量本身。惟一能夠證明打坐的真實利益者，也只有靠打坐而已。這是理所當然的事。

正因這樣，我們才要正確處理，而且仔細檢驗坐禪時，諸種來去自如的境界。絕對不要等閒視之，或疏忽處理。天台止觀的要點，以十境十乘的觀法方式來表示，而在道元的坐禪方面，那些等於現成公案，可以縱橫拈提。因為有十境十乘，才可以證明坐禪的正確和效益。

所謂現成的公案，不妨解作佛道修行的現實狀況下，所呈現的種種命題。《摩訶止觀》的文章表達，十分細膩緊湊，同樣地，道元的文章不論用字和語法都很慎重，耐人尋味，而且，執念極深地敘述禪境的真相。

(5)、坐禪的風光

空華是什麼？葛藤是什麼？畫餅、恁麼、光明、都機、密語，栢樹子，

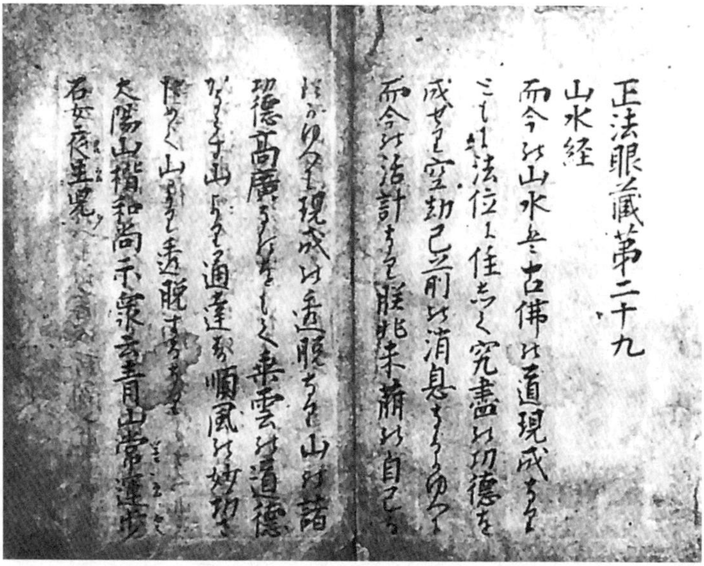

正法眼藏第二十九
山水經
而今の山水は古佛の道現成なり
ともに法位に住して究盡の功德を
成ぜり空劫已前の消息なるがゆゑに
而今の活計なり朕兆未萠の自己なるが
ゆゑに現成の透脱なり山の諸
功德高廣なるをもて乘雲の道德
かならず山より通達す順風の妙功さ
だめて山より透脱するなり
大陽山楷和尚示衆云青山常運歩
石女夜生兒

「正眼法藏」（山水經）

偏參、龍吟、梅華、眼睛、家常、溪聲山色等是什麼？這些現成公案逐一拿來觀照坐禪的修行，並且表明自己的境界。這樣一來，每一卷探討的結果，共計九十五卷之多，那就是《正法眼藏》的內容。

所謂正法眼藏，意思指真正的佛法智慧，的確存在無疑。這部書可以說是道元禪師打坐的風光。

我們如果把道元的觀點跟下

面的話混合一看，情況會更加明確。

「這幾年來，不乏愚笨與杜撰的學者說，坐禪的功夫，要能胸裡無拘無束，寧靜安詳，才是真正功力。這種見解，恐怕也不能叫做小乘的學者。這種想法遠比人天乘還要差勁，大概不是學佛的人所說的話。現在，大宋國的禪者僅是這種見解的人。我很悲哀佛道被荒廢了，而且有這種人在說這些話。姑且不論是初學打坐，或晚學的人，也不一定是諸佛諸祖的行。其實，行也是禪，坐也是禪，說話或沉默，或動或靜也是禪，身體安寧最要緊，並非只管打坐就好。臨濟宗的第二流禪者，大體上抱有如此想法。因為他們不熱心傳承佛法的正確命脈，才會說這種話。」

以上是道元在中國留學時，根據實際見聞所發表的感想或肺腑的話。

道元不贊成那些惡作劇似地，高喊教化別傳的口號，又在猛叫禪宗優先，而無心打坐的禪者們。本來，佛教不分什麼宗派，也非支離破碎而需要爭辯的。道元排斥這種宗派意識，也一直在向「正傳的佛法」變成什麼樣子呢？

當時，他採取的立場是，正確地評估傳統教學多采多姿，內容豐富，不妨儘量恢復日本佛教這樣富饒的傳統。

道元懷著這項展望，發現了正確所在，因為他從中找到以往一群日本法師和大德不曾注意——坐禪的意義與正確。道元能夠正確評估天台止觀的意義，恐怕是日本惟一或真正的禪師，這樣說也不會言過其實。

結語

所謂從前，其實也不是太久遠的事。

記憶裡，我在兒童時代，每當飲食或有客人來訪，都會坐端正來接待，或者坐好才能飲食。近年來，由於生活方式改變，這種生活習慣，和禮貌作法也逐漸淡薄了。

恐怕連坐五分鐘也覺得不自在？這種情形跟孩子的姿勢不好，應該會息息相關。

我們要保持理想的坐姿，當然不在話下。讀書時，最好養成正坐的姿勢。如果斜著身體看書，會慢慢打盹。這種姿勢不適合看書，反而會使意識散漫。

正坐對於刺激人的覺醒中樞會很劇烈，也會使意識的覺醒與集中程度大為提高，彷彿拉車的馬兒一被矇上眼睛，立刻想摔掉它一樣，非常警醒。即使這種譬喻不恰當，但也不會沒有道理。

我們知道身體的坐姿，跟站立、步行和臥倒不同，因為前者是經過選擇的行為模式。在日本，坐下的習慣漸漸減少了。理由之一是，歐美式的房子結構增加，房子裡有沙發椅，不必坐床墊。

不過，最近報章上卻出現一個新造字「地板生活」。有些人雖然住在西式房間，椅子也不用，反而直接坐著或躺著，這種生活習慣的人似乎愈來愈多。

一位文化人類學家說：「一點兒也不稀罕，日本人的姿勢很隨便了。」誠然，有人主張：「日本人的姿勢，目前比較愛爬到椅子上正坐，或盤腿坐，而不太願意直接坐在椅子上。勿寧說，這種情形已經司空見慣。京都的ＣＤＩ研究所指出，連續三天拍了不少照片，內容是受薪階級家庭的客廳狀況，結果發現許多日本人的家庭把特地買回來的安樂椅或沙發椅，都不是用來坐，反而是用來倚靠。可見椅子或沙發好像還沒有真正落實在日本人的生活裡。」

今天，我們的生活習慣偶爾也突然會出現些意料外的變化。好幾代以來，我們祖先累積起來的行動模式，一定會在不知不覺裡被上面的行動所取代。有人表示：「古代是跟史前時代的土座居住結合，以坐在炕爐周圍那種生活的傳統文化為背景。」

山折哲雄著《坐的文化論》，不失為頗富啟示性的書。

柳田國男曾經談到，日本人衣食住的習慣，早自鎌倉時代前後起有了極大變化，它成為今天日本人生活模式的基礎，我自己從這個想法裡得到很大的暗示，才完成這本書的研究。

在序章裡，山折氏記載：「這個觀點後來留在我的頭腦裡，總有一天，日本人跟『坐』這個主題，會以道元的存在為軸心，逐漸呈現在眼前。」日本人在坐的文化方面，進入鎌倉時代以後，由於道元在禪佛教裡主張只管打坐的坐禪法，會完成很大的革新。

這項評估並不誇大，在日本宗教史上如此高估道元的地位，並不會離譜。

但是，我想我們決不能一直停留在這種評估上面。

我們務必要心平氣和地思索，道元禪師那套坐的哲學，堪稱非常深妙，但在傳統佛教上怎樣形成的呢？

可惜，本書不曾探討到那個地方，夢窗疏石的禪、隱元的黃檗禪、白隱慧鶴的臨濟禪等，對於日本文化有巨大的影響，而應該討論之處也不少。只好附記在此，當做將來的研究課題了。

導引養生功

全系列為彩色圖解附教學光碟

張廣德養生着作　每冊定價 350 元

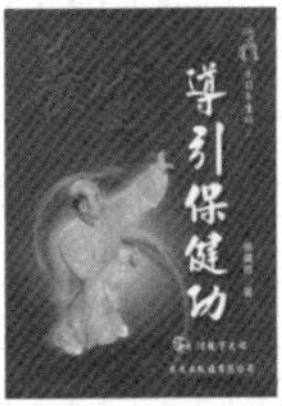

輕鬆學武術

太極跤

太極武術教學光碟

太極功夫扇
五十二式太極扇
演示：李德印 等
(2VCD)中國

夕陽美太極功夫扇
五十六式太極扇
演示：李德印 等
(2VCD)中國

陳氏太極拳及其技擊法
演示：馬虹(10VCD)中國
陳氏太極拳勁道釋秘
拆拳講勁
演示：馬虹(8DVD)中國
推手技巧及功力訓練
演示：馬虹(4VCD)中國

陳氏太極拳新架一路
演示：陳正雷(1DVD)中國
陳氏太極拳新架二路
演示：陳正雷(1DVD)中國
陳氏太極拳老架一路
演示：陳正雷(1DVD)中國
陳氏太極拳老架二路
演示：陳正雷(1DVD)中國
陳氏太極推手
演示：陳正雷(1DVD)中國
陳氏太極單刀・雙刀
演示：陳正雷(1DVD)中國

郭林新氣功
(8DVD)中國

本公司還有其他武術光碟
歡迎來電詢問或至網站查詢
電話：02-28236031
網址：www.dah-jaan.com.tw

原版教學光碟

歡迎至本公司購買書籍

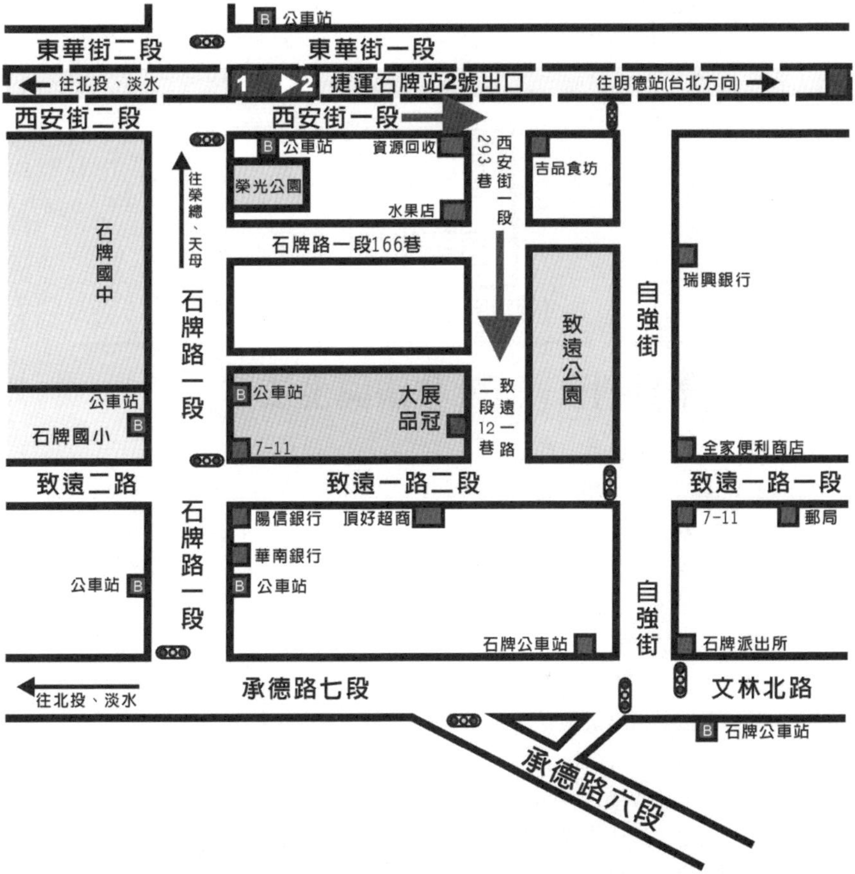

建議路線

1.搭乘捷運．公車

淡水線石牌站下車，由石牌捷運站２號出口出站(出站後靠右邊)，沿著捷運高架往台北方向走(往明德站方向)，其街名為西安街，約走100公尺(勿超過紅綠燈)，由西安街一段293巷進來(巷口有一公車站牌，站名為自強街口)，本公司位於致遠公園對面。搭公車者請於石牌站(石牌派出所)下車，走進自強街，遇致遠路口左轉，右手邊第一條巷子即為本社位置。

2.自行開車或騎車

由承德路接石牌路，看到陽信銀行右轉，此條即為致遠一路二段，在遇到自強街(紅綠燈)前的巷子(致遠公園)左轉，即可看到本公司招牌。

國家圖書館出版品預行編目資料

只管打坐——佛教論與坐法／劉欣如 編著
——二版——臺北市，大展，2017[民106.03]
面；21公分——（心靈雅集；34）
ISBN 978-986-346-155-5（平裝）
1.靜坐 2.佛教修持
225.72 106000187

只管打坐——佛教論與坐法

編　　著／劉　欣　如
責任編輯／茉　莉　花
發 行 人／蔡　森　明
出 版 者／大展出版社有限公司
社　　址／台北市北投區（石牌）致遠一路2段12巷1號
電　　話／(02) 28236031・28236033・28233123
傳　　真／(02) 28272069
郵政劃撥／01669551
網　　址／www.dah-jaan.com.tw
E-mail／service@dah-jaan.com.tw
登 記 證／局版臺業字第2171號
承 印 者／傳興印刷有限公司
裝　　訂／眾友企業公司
排 版 者／千兵企業有限公司
初版1刷／1992年（民81年）11月
二版1刷／2017年（民106年）3月

定　價／230元

大展好書　好書大展
品嘗好書　冠群可期

大展好書　好書大展
品嘗好書　冠群可期